Später, Spaß, lieb

Von einer, die auszog, um das
Heimweh zu verlernen

Über das Buch

Wie verliert man das Heimweh? Wie findet man den Mut, das Leben zu leben und Träume zu verwirklichen? Auf der Suche nach Antworten nimmt uns die Autorin mit auf ihre erlebnisreiche Reise vom schwäbischen Dorf an die zypriotische Küste. Schonungslos ehrlich erzählt sie von den Abstechern, die sie auf ihrem Weg genommen hat, was und wen sie dafür loslassen musste, welche Veränderungen sie dabei durchlebte und dass alles, was passiert, einen Sinn hat.

Es geht um Heimat, Abschied, Veränderungen, Loslassen, Scheitern, Suche, Erkenntnisse, Sinn und natürlich um Liebe und Freundschaft.

»*Das Buch ist ein literarischer Sprung mitten ins Leben. Eine Lesefreude, die wie ein Stück Zartbitterschokolade das Beste aus beiden Welten verbindet: die Süße und Leichtigkeit des Lebens und seine herbe Last. Immer wieder sprang mir aus den Zeilen die heilende Kraft des Humors entgegen und eine inspirierende Stärke durch Tinas Kunst, mit dem Leben umzugehen. Ich hatte beim Lesen an so mancher Stelle Tränen in den Augen: vor Lachen, Rührung oder Bewunderung. Das gelang nur, weil Tina mutig, authentisch und kompromisslos persönlich das Fenster zu ihrem Seelenleben geöffnet hat. Danke, dass ich hineinschauen durfte!*«

Testleserin Jessica

Später, Spaß, lieb

Von einer, die auszog, um das
Heimweh zu verlernen

Roman von
Tina Wälde

Dieses Buch basiert auf wahren Gegebenheiten.
Alle Namen und Orte wurden abgeändert.

Gendergerechte Sprache: Aus Gründen der besseren Lesbarkeit verzichte ich auf die gleichzeitige Verwendung männlicher und weiblicher Sprachformen. Sämtliche Personenbezeichnungen gelten gleichermaßen für alle Geschlechter.

@ 2022 Tina Wälde

Lektorat: Susanne Ospelkaus

ISBN Softcover: 978-3-347-70927-0
ISBN E-Book: 978-3-347-70933-1

Druck und Distribution im Auftrag der Autorin:
tredition GmbH, Halenreie 40-44,
22359 Hamburg, Germany

Das Werk, einschließlich seiner Teile, ist urheberrechtlich geschützt. Für die Inhalte ist die Autorin verantwortlich. Jede Verwertung ist ohne ihre Zustimmung unzulässig.
Die Publikation und Verbreitung erfolgen im Auftrag der Autorin, zu erreichen unter:
tredition GmbH, Abteilung „Impressumservice",
Halenreie 40-44, 22359 Hamburg, Deutschland.

Für Nils und Linus

In Gedenken an Mama

Über die Autorin

Tina Wälde ist Schwäbin, Mutter von erwachsenen Zwillings-Söhnen und Veranstalterin von Krimitheater-Events. Sie lebt mit ihrem Mann in Zypern, wo sie ihrer Leidenschaft für Aktivitäten im, am und auf dem Meer nachgeht. Getreu dem Motto »die Illumination muss stimmen«, legt sie nicht nur zur Weihnachtszeit großen Wert auf die richtige Beleuchtung. Als Autorin von Krimitheaterstücken schrieb sie 2022 ihren ersten Roman »Später, Spaß, lieb« nach wahren Begebenheiten.

Liebe Leserin, lieber Leser,

schön, dass du mich begleitest auf meiner erlebnisreichen Suche nach der Antwort auf die Fragen: Was ist eigentlich Heimweh und wie wird man es los?

Die hier beschriebenen Geschichten sind alle entweder so oder so ähnlich passiert. Eine Geschichte habe ich komplett erfunden und ich bin gespannt, ob du herausfindest, welche das ist.

Ich wünsche dir ganz viel Spaß beim Lesen und freue mich, wenn dich meine Geschichten gut unterhalten, dich zum Nachdenken anregen, dir Mut machen und vielleicht sogar eine neue Perspektive schenken.

Ach ja, es gibt eine **Playlist mit allen Liedern** aus diesem Buch bei Spotify: https://tnwl.de/ssl-playlist

Viel Spaß beim Lesen und Hören!

Inhalt

Liebe auf den ersten Schnitt 12

Doppelter Griff in die Glückskiste 19

Junger Vater auf freiem Fuß................ 24

Nachbars Kirschen......................... 29

Gemordet wird daheim..................... 39

Die Mitmörder 43

Ein schlechter Jahrgang.................... 47

Silberkopf-Fledermäuse 51

Wer hoch hinaus will... 54

Tschüss Kindheit 58

Sekretärin auf Abwegen 63

Winnetou war unerwünscht................ 67

Schuld sind nur die Schmetterlinge 73

Kleine Söhne, kleine Sorgen, große Söhne..... 81

Liebe lieber ungefährlich 85

Der letzte Akt – Wer war der Mörder? 91

Vom Sepp, der aus dem Fenster fiel 94

Nicht mein Zirkus, nicht meine Affen 98

Gut gegen Sonntagabend-Blues............ 107

Heimat. Was ist das? 111

Seitlicher Mehrblick 117

Eine neue Liebe...........................123

Schlaflos in Tratschburg 130

Plätzchenduft mit Meerblick..............137

Halloumi zum Frühstück 142

Umbrüche 150

Strafe oder Geschenk?.................... 158

Zwischen Bühnenlust und Coronafrust......171

In den besten Jahren 177

Platz für Neues 184

Nachwort................................193

Songtext Omi-Opi.......................195

Danksagung............................ 196

Weiterführende Links 199

Eiskalt lief es mir den Rücken runter, während ich meinen Herzschlag bis in die Haarspitzen spürte. Wer hätte gedacht, dass dieser Ort mal ein Tatort sein würde? Der Tag fing ganz normal an. Wobei ... irgendwas lag in der Luft. Das Sonnenlicht versteckte sich hinter dem sandfarbenen Staubschleier und verlieh allem eine dramapräparierte Stimmung.

Ich sah ihn an. Er kam mir so fremd vor, in seinem grünen Adidas-Hoodie und seiner Basecap mit rosa Pailletten. Wo waren wir da nur reingeraten?

Würde alles gut gehen? Bald würden wir es wissen. Jetzt war erstmal warten angesagt.

26 Jahre zuvor...

Liebe auf den ersten Schnitt

»Jetzt raff' dich auf und komm' mit. Ein bisschen Ablenkung tut dir gut«, forderte Irene. Sie stand vor mir, die Hände in die Hüfte gestemmt. In ihrer schlichten Jeans und ungeschminkt sah sie so natürlich cool wie immer einfach aus. Sie war nur auf einen Sprung vorbeigekommen.

»Oh nee, ich müsste mich noch richten und die Woche war so anstrengend. Ich will daheimbleiben«, motzte ich. Ich lümmelte mich auf mein kleines Sofa und zündete mir, die Gemütlichkeit demonstrierend, eine Zigarette an. »Du willst ja nur nicht verpassen, falls dieser Heiopei[1] anruft. Vergiss' den doch endlich. Der blöde Kiffer blickt doch gar nicht mehr, was abgeht.« Sie weigerte sich, meinen Ex-Freund beim Namen zu nennen und hatte mit beiden Anmerkungen recht. Dann stimmte es vielleicht auch, dass mir die Ablenkung guttat. So hüpfte ich schnell in meine Jeans, legte Lippenstift auf und deckte mit Concealer sorgfältig alle Störenfriede in meinem Gesicht ab. Ich hatte nämlich nicht das Glück, ungeschminkt zu einer Party gehen zu können. Zumindest fehlte mir das Selbstbewusstsein, meine Pickelnarben offen zu zeigen.

Als wir die Mensa der Tübinger Uni betraten, war die Vollmond-Party schon in vollem Gange. Alle drängten sich mit ihren randvollen Plastikbechern aneinander vorbei und waren bester Laune. Irene hatte am Eingang irgendwelche Bekannte getroffen und steckte gleich im Begrüßungs-Small-Talk fest. Ich schnappte mir eine Cola und setzte mich immer noch mies gelaunt auf die oberste Treppenstufe, die die Tanzfläche umrandete.

»Wieso wird bei buntem Flackerlicht auch noch die Nebelmaschine eingesetzt? Soll man niemanden erkennen?« dachte ich, als Irenes Stimme hinter mir durch die laute Musik drang: »Schau' mal, ich habe den Marc getroffen«, trällerte sie fröhlich und zog einen Typen am Ärmel seiner braunen Lederjacke hinter sich her.

»Hallo«, grinste er. »Hallo«, grüßte ich bemüht freundlich zurück. Mehr brachte ich nicht zustande.

---

[1] *Ein Heiopei ist ein dummer Mann, der nicht nur dumm ist, sondern auch nach mehreren Hinweisen nicht kapiert, dass er Dummes tut*

Er hatte auch keine Chance, mit mir ein Gespräch zu beginnen, weil Irene ihn sofort wieder vereinnahmte. So standen wir still nebeneinander und überließen Irene die Gesprächsführung. Mann, wie ich sie für ihr Small-Talk-Talent und ihre Schlagfertigkeit bewunderte!

Auf dem Heimweg schwärmte sie die ganze Zeit von Marc: »Boah, der ist ja so toll! Und sexy noch dazu. Dieser sinnliche Mund und dann hat der auch noch voll was auf dem Kasten. Hab' ich schon erzählt, dass er eine Werbeagentur hat?« Ich kam nicht zu Wort. »Vor einem halben Jahr hat ihn seine Freundin verlassen. Einfach so, nach drei Jahren. Das ist doch nicht zu fassen, oder? Ich meine, wenn man so einen Typen hat, lässt man ihn doch nicht mehr gehen«, plauderte sie ohne Punkt und Komma. Wollte sie was von ihm? Oder wollte sie mich etwa mit ihm verkuppeln? Bei Irene schloss das eine das andere auch nicht unbedingt aus. Mich fegte er spontan nicht vom Hocker. Mit meinen knackigen 21 Jahren stand ich eher auf den Macho-Typ. Marc war einfach ganz anders. Nicht besonders groß, sinnlich geschwungene Oberlippe, grüne Augen mit leichtem Silberblick und ein schelmisches Lächeln. Durch seine Brille hatte er so eine intelligente Ausstrahlung. Meine Freundin Irene fand, dass wir gut zusammenpassen würden und wir beide zur gleichen Zeit ungebunden waren. Aha, also doch ein Kuppelversuch.

Irene schlug vor, dass er sich von mir die Haare schneiden lassen könne. Ich steckte gerade in meiner zweiten Ausbildung zur Kauffrau für Bürokommunikation und verdiente mir abends ein paar Mark mit Haareschneiden dazu. So war meine erste Ausbildung doch noch nützlich. Er hat nicht lange überlegt und rief mich prompt eine

Woche später an. Weitere drei Tage später saß er bei mir zu Hause in der Küche und ließ sich von mir seine Popper-Matte zurechtschneiden.

Danach haben wir noch ewig gequatscht. Wir hatten sofort einen Draht zueinander. Schnell zeigte sich, dass wir denselben Humor hatten und auch sonst viele Ansichten teilten. Als er ging, fiel mir dann auch sein sexy Knack-Arsch auf. Uiuiui, der war nicht von schlechten Eltern! Auf den zweiten Blick gefiel mir Marc schon besser. Er fegte mich noch nicht, aber schubste mich schon leicht vom Hocker. Er interessierte sich für mich, meine Meinung, meine Gedanken, schenkte mir Aufmerksamkeit und sah mich so warmherzig an. Woanders hätte ich ihn übersehen, weil er nicht arrogant und breitbeinig durch die Gegend lief. Das war neu für mich.

Er sagte zu, am nächsten Tag zu meiner Geburtstags-Party zu kommen, aber er kam nicht. Das machte ihn für mich noch interessanter.

Zu der Zeit hatte ich noch zwei andere Verehrer. Das war einzigartig. Bis auf eine dreijährige Beziehung in meiner Jugend haben Männer immer sehr schnell das Interesse an mir verloren. Vielleicht war ich ihnen nicht witzig genug, nicht sexy genug, nicht geheimnisvoll genug, nicht schön genug, einfach nicht genug. Aber vielleicht passten Macho-Typen auch einfach nicht zu mir?

Marc war einfach so anders. Das reizte mich. Er schien in sich zu ruhen, mit sich völlig im Reinen zu sein und nichts und niemanden zu brauchen. Vielleicht lag es auch an seinem bordeauxfarbenen, knöchellangen Mantel, den er beim zweiten Date anhatte? Ich war geschockt von diesem Teil und gleichzeitig total geflasht von so viel Selbstbewusstsein! Wer ein dermaßen geschmackloses Teil trägt, muss mit sich selber fein sein, dachte ich. Oder war das modern? Vielleicht in seinen Kreisen? Ich war jedenfalls beeindruckt!

Wir trafen uns regelmäßig und hatten immer viel zum Quatschen. Nächtelang saßen wir auf meinem bunten Zwei-Sitzer-Sofa, das ausgeklappt mein Bett war, hielten uns mit griechischem Kaffee wach und fanden kein Ende. Oft lohnte es sich nicht mehr, schlafen zu gehen und ich fuhr direkt zur Arbeit.

Der erste Kuss ließ aber auf sich warten. Drei Monate nach unserem ersten Treffen, drei weiteren Haarschnitten und mindestens 48 durchplauderten Nächten, kratzte Marc all seinen Mut zusammen und küsste mich auf dem Parkplatz vor dem mexikanischen Restaurant, das unser liebstes wurde. Der Kuss fühlte sich richtig gut an, die Zeit mit ihm fühlte sich richtig gut an, überhaupt: Alles mit ihm fühlte sich gut an.

Ein halbes Jahr später zogen wir zusammen in unsere erste gemeinsame Wohnung. Weit weg wagten wir uns noch nicht und blieben erstmal in meiner schwäbischen Heimatstadt, wo wir beide aufgewachsen sind. Zwei Zimmer in akzeptabler Lage auf 48 Quadratmeter, mit Balkon und offener Küchenzeile. Mit der angesagten Schwamm-Technik tupften wir die Wände in freundlichem sonnengelb und waren überglücklich. Verliebt und dem elterlichen Nest frisch entflattert, waren wir neugierig auf dieses Abenteuer und kosteten unsere Zweisamkeit in vollen Zügen aus. Wir aßen mit dem Teller auf dem Schoß, weil wir anfangs nur wenig Möbel hatten und wunderten uns darüber, dass Kartoffelbrei nach einer Woche rosa wird, wenn man ihn nicht in den Kühlschrank stellt.

Wir merkten schnell, dass wir bei vielen Dingen einer Meinung waren, was den Umgang mit Emotionen betrifft, aber aus komplett verschiedenen Welten kamen: Er als Mittelkind mit zwei Geschwistern, bekocht und umsorgt von seiner Mutter, die immer zu Hause war, hat er sich gleich nach dem Abitur als Inhaber einer Werbeagentur selbständig gemacht hat. Ich als Einzelkind von berufstätigen Eltern, das immer alleine und nach der Mittleren Reife nicht mutig genug für ihre Traumausbildung war und infolgedessen unglücklich in ihrer zweiten Ausbildung steckte. Deshalb wurde »Clouds Across The Moon« von The Rah Band unser Song. Trotzdem war das Leben für uns noch so unkompliziert. Teppichböden in der Wohnung galten als gemütlich und Wurstbrote mit dicker Butterschicht zum Frühstück waren noch angesagt und nicht figurprägend, wir tranken Schwarztee mit Vanillearoma, warmen Berentzen Winterapfel oder süßen Sprudel. Ich musste trockenen Weißwein mit Apfelsaft mischen, um ihn runterzukriegen, wir rauchten noch in der Wohnung, hatten jeden Tag Sex und bauten uns Möbel aus billigen Industrieregalen. Der Lufterfrischer kam aus der Dose und den Hausrat hatte man bei der Württembergischen versichert, weil das alle so machten. Der Liter Benzin kostete noch 1,63 DM[2], Routen plante man mit Papier-Landkarten vom ADAC, Handys waren so groß wie eine handelsüb-

---

2 *für alle Leserinnen, die nach den 90er Jahren geboren wurden: Das sind ungefähr 0,84 €*

liche Packung Spaghetti, statt WhatsApp-Nachrichten zu schicken, erzählte man sich noch alles am Festnetztelefon, der Anrufbeantworter wurde noch mit Musik[3] bespielt und ins Internet kam man nur, wenn man sich über ein Modem eingewählt hat.

Meine erste richtig erwachsene Beziehung. Ob wir uns wohl auch ohne Irenes Kuppelei über den Weg gelaufen wären?

Des hot so solla sei
(Mama)

---

3 *Bei uns war es »Waterfalls« von TLC*

Doppelter Griff in die Glückskiste

»Also Hexle[4], jetzt nemmsch mol an Spiegel und guggsch, ob deine Schamlibba lila send«, lautete der fachfrauliche Rat meiner Mama. Ich wusste nicht, welche Farbe meine Schamlippen sonst haben. Wie sollte ich da einen Vergleich ziehen? Was war normal? Alleine darauf wollte ich das Ergebnis nicht stützen.

Marc saß am Esstisch und starrte auf den Schwangerschaftstest. Sein Gesicht war weiß wie die Kaffeetasse, die vor ihm auf dem Tisch stand. Bestimmt zehnmal haben wir nachgelesen, was es bedeutet, wenn beide Striche rosa sind: »Richtig durchgeführt« oder »schwanger«. Irgendwann haben wir dann begriffen, dass ein Strich für die richtige Durchführung und der andere für ein positives Schwangerschaftsergebnis stand. So positiv fanden wir das Ergebnis nicht. Ich wollte das auch nicht glauben. Schließlich hatte ich die Diagnose eines niedrigen Hormonspiegels, und dass ich ohne Behandlung nicht so einfach schwanger werden konnte.

Am nächsten Tag sauste ich nervös zum Arzt. Es war der 1. April und mein erster Besuch bei diesem Frauenarzt. Ich mochte ihn sofort. Seine grauen Locken und schlaksige Haltung verliehen ihm eine lausbübische Art. Trotzdem gab er mir immer das Gefühl, gut bei ihm aufgehoben zu sein.

»Ich habe gestern einen Schwangerschaftstest aus der Apotheke gemacht und der war positiv«, erklärte ich ihm

---

4 *Meine Mama nannte mich Hexle und ich habe wirklich keine Ahnung, wie sie da drauf kam*

mit piepsiger Stimme. Er notierte meine Neuigkeit auf der für mich neu angelegten Karteikarte und sah mich danach mit einem auffordernden »aha« an.

»Das kann aber nicht sein«, fügte ich hinzu. Erwartungsvoll sah er mich weiter an. »Na ja, ich kann ja gar nicht einfach so schwanger werden. Also ohne Hormonbehandlung und überhaupt haben wir nur einmal ohne und …« Ich hatte Schnappatmung! Er schmunzelte nur und meinte ganz ruhig: »Dann schauen wir mal, ob du uns was mitgebracht hast«. Zitternd konnte ich kaum meine Füße in die Halterung legen. Konzentriert schaute er auf den Monitor des Ultraschallgeräts. Ich bin mir sicher, dass er in diesem Moment auch mein Herz hören konnte. Das galoppierende Donnern erfüllte den ganzen Raum. Nach einer gefühlten Ewigkeit sagte er ernst: »Ja, das ist eindeutig. Schau den weißen Fleck. Ich denke, du bist in der achten oder neunten Woche.« Er verstummte, kniff die Augen zusammen und rührte mit dem Ultraschallstab in meiner Muha[5], als würde er erwarten, dort auf Gold zu stoßen. Leicht hysterisch wollte ich wissen, was denn los sei. Seine Augen waren schmal wie kleine Sehschlitze und sein Mund leicht geöffnet, als er sagte: »Da ist noch eins.«

»Noch ein was?« Zögerlich, als wäre er nicht sicher, antwortete er: »Noch eine Eizelle, die sich eingenistet hat.« Offensichtlich hat das eine Mal gleich doppelt ausgereicht. Kein Aprilscherz! Weil er dachte, es würde mich beruhigen, erklärte er mir noch, dass man zu dem Zeitpunkt der Schwangerschaft noch nicht 100%ig sagen könnte, ob es

---

5 *Mumu sagen ja alle. Muha gefällt mir besser.*

eine Zwillingsschwangerschaft blieb. Erst ab der 14. Woche könnte er sicher sagen, ob es Zwillinge werden.

Wumms, da war sie das erste Mal: Angst! Ich durchlebte regelrecht eine Steigerung meiner Verzweiflung. Im ersten Moment diese Verzweiflung über die Schwangerschaft. Dann doppelte Verzweiflung über die Doppelschwangerschaft. Danach unendliche Verzweiflung, dass ein Kind nicht überleben könnte. Voll abgefahren! Mit diesem Gefühlschaos, zwei kleinen Zellhaufen im Bauch und einem Ultraschallbild, worauf beide zu sehen waren, ging ich zu Marc. Sein Büro war damals im selben Gebäude wie die Frauenarztpraxis, deshalb hatte ich es nicht weit. Ich weiß noch genau, was er anhatte: Eine hellbraune Cordhose[6] und ein grün-weiß-kariertes Hemd. Er schien wie immer ganz ruhig zu sein, als ich ihm das Ultraschallbild auf seinen Schreibtisch legte. Wieder verließ die Farbe sein Gesicht. Es war nicht nur der Schock, da war auch ein Strahlen zu erkennen. Noch ängstlich und zögernd, aber deutlich am Funkeln seiner Augen und seiner innigen Umarmung zu erkennen. Natürlich waren wir beide geschockt und hatten die Hosen gestrichen voll! Immerhin wohnten wir erst seit zwei Jahren zusammen, waren sehr jung und hatten überhaupt keine Kohle auf der Seite oder sonst wo. Trotzdem! Da war von Anfang an eine warme und innige Freude in uns, die wir zeigen und genießen wollten.

Bis auf meine Mama, Marcs Oma und Tanten reagierten die Leute um uns herum nicht so freudig auf unsere Neuigkeiten. Mein Onkel Burki war der Coolste. Er sagte nur: »Scheiße!«

---

6 *ja, das war 1998 total angesagt*

Außenstehende kommentierten meine Zwillingsschwangerschaft auch gerne mit: »Zwillinge! Ha, des isch au gschiggd, do isch ma glei uff oimol fertig.«

»Ja, habt ihr denn nicht verhütet?«, wollte meine Schwiegermutter wissen.

Was soll man da antworten? Wir waren keine besten Freundinnen. Das erste halbe Jahr nannte sie mich konsequent Ida. So hieß die Ex von Marc. Wollte sie mir damit vermitteln, dass ich austauschbar war? Oder mich erstmal bewähren muss, weil ich mit Marc erst seit zwei Jahren zusammen war?

Jedenfalls hatten wir tatsächlich nur einmal das Diaphragma weggelassen. Bis das Ding immer reingefummelt war, ging die ganze Erotik flöten. Unsere Freunde, die sich zu der Zeit noch die Nächte mit Partys um die Ohren schlugen, hatten eher Mitleid mit uns. Im Nachhinein denke ich nicht, dass wir viel verpasst haben. Außerdem passiert schließlich nichts ohne Grund.

Nach der 14. Woche war klar, dass wir uns auf zwei kleine Menschen freuen dürfen. Zweieiige Zwillinge. Marc wurde nicht müde, stolz zu betonen, dass man die ja erstmal treffen müsse – ach, was haben wir gelacht. Das Lachen blieb uns schnell im Hals stecken, als ich ab der 21. Woche liegen musste. Aufgrund einer Zervixinsuffizienz[7] drohte eine Frühgeburt. Ich habe mir die Zeit und die Angst mit schöner Musik vertrieben. Vor allem den Song »All My Life« von K-Ci & JoJo mochten meine Jungs besonders.

---

7 *Wenn Dich das interessiert, hilft dir Google weiter*

Das meinte ich deutlich zu spüren, weil es dann immer ganz ruhig in meinem sonst sehr turbulenten Bauchinnenraum war. Zu einer Frühgeburt kam es dann auch. Nino und Loui erblickten in der 34. Woche per Kaiserschnitt das Licht der Welt und waren putzmunter. Nur sehr klein. Loui wog gerade mal 200 Gramm mehr als ein Päckchen Zucker. Mein Bauch täuschte allerdings etwas anderes vor. Angeberisch sah er aus, als wären da zwei Vier-Kilo-Babys am Start.

Und da war sie. Sie überrollte mich plötzlich und unerbittlich: die Mutterliebe! Andere Frauen erzählten mir davon und beschrieben es als Gefühl, das mit nichts auf dieser Welt zu vergleichen ist und dass man das erst weiß, wenn man sein eigenes Kind in den Armen hält. Diese unendliche und tiefe und bedingungslose Liebe. Wenn du mehr fühlst, als du Wörter hast. Ich hielt das anfangs für einen Hormonrausch, aber es ging nicht mehr weg!

»Da habt ihr ja mal doppelt in die Glückskiste gegriffen«, registrierte der Kinderarzt. Da hatte er recht, der Gute! Ehrlich, wie wir sind, haben wir den Jungs erzählt, dass sie nicht geplant, aber immer gewollt waren.

Leben ist das, was passiert, während du dabei bist, andere Pläne zu machen.
(John Lennon)

Junger Vater auf freiem Fuß

Es gab kaum einen Unterschied zwischen Tag und Nacht. Es floss so ineinander. Meine Schwangerschaft und die erste Zeit nach der Geburt sind so ein bisschen an mir vorbeigezogen. Ich weiß nur noch, dass ich im ersten Jahr meistens so ins Bett ging, wie ich aufgestanden war. An manchen Tagen kam ich nicht mal zum Zähneputzen. Marc verbrachte den größten Teil des Tages und des Abends in seiner Agentur. Sein Geschäftspartner zeigte überhaupt kein Verständnis dafür, dass ein junger Vater auch Zeit für seine Familie brauchte. »Tut mir echt leid, dass es heute wieder so spät geworden ist. Jedes Mal, wenn ich sage, dass ich jetzt nach meiner Familie schauen muss, zieht er ein im Stich gelassenes Gesicht«, war Marcs abendliche Erklärung.

»Nee klar, Hauptsache, Monsieur muss nicht alleine arbeiten! Aber, dass du eine Familie hast, die dich auch braucht, geht ihm am Arsch vorbei. Na toll!«, zickte ich.

»Mann, was soll ich denn machen?«, fragte er nur. »Egal, wo ich bin, es fühlt sich immer jemand im Stich gelassen.«

Was war ich froh, dass ich meine Mama hatte! Sie war zwar berufstätig, kam aber immer sofort nach Feierabend und half mir mit den Jungs. Ich weiß wirklich nicht, wie ich das alles ohne sie geschafft hätte! Ich konnte nicht sehen, unter welchem Druck Marc gestanden haben musste. Ich habe nur mich gesehen und mir schrecklich leid getan, wie alleine ich mit den Jungs war. Jeden Abend, wenn er abgehetzt die Tür öffnete, machte ich ihm Vorwürfe, weil er so viel arbeitete und so spät nach Hause kam: »Na, was war heute wichtiger als wir?« »Du weißt genau, dass ihr mir wichtig seid, aber es manchmal eben nicht anders geht. Meine Agentur ist mir halt auch wichtig«, rechtfertigte er sich anfangs noch. »Nein, das weiß ich nicht! Woran soll ich denn merken, dass wir dir wichtig sind?« Mit der Zeit schwieg er und ließ meine erfolglosen Versuche, ihn und die Situation zu ändern, ins Leere laufen. Er kam immer später und freudloser heim. Das wirkte auf mich ignorant und bestärkte mich in meinen negativen Gedanken. Meine Zickereien erstickten jedes liebevolle Gefühl im Keim, das zwischen uns, wenn überhaupt, dann nur noch aufflammte. Ich kam nicht mehr raus aus meiner Negativspirale, fand mich fett und hässlich, fühlte mich alleine und ungeliebt und fand schließlich Trost bei meiner damaligen Freundin Chantal, die mich sehr emanzipiert beriet. Sie war so toll! Selbstbewusst, klug, wortgewandt, kreativ und witzig. Ich wollte sein wie sie.

Ich wollte immer sein wie andere, nie wie ich. Ich ließ mich von ihr führen wie eine Marionette, wollte ihr gefallen. Durch Komplimente und Lob gab sie mir das Gefühl, dass unendliches Potenzial in mir schlummerte, das ich endlich befreien müsste und mich nicht durch einen Mann, der meinen Wert nicht erkannt hat, bremsen lassen sollte. Sie ließ kein gutes Haar an Marc und redete mir bei jeder Gelegenheit ein: »Du hast einen besseren Mann verdient!« Das wirkte wie ein Mantra: »Warum hältst du an diesem bräsigen Typen fest, dem du völlig egal bist?« Diese Sätze drehten sich pausenlos in meinem Kopf. Ich konnte nichts Gutes mehr an ihm oder in unserer Beziehung sehen.

So kam es, dass ich Marc rausschmiss. Am Abend der Taufe unserer Jungs. Alle waren da und es war ein schöner

Tag. Bis auf die Tatsache, dass Marc sich mit seinem besten Freund und Taufpaten betrunken hat und ich mal wieder alleine herumrannte, um den Rest der Gesellschaft zu bewirten. Als alle weg waren, eskalierte es und ich hörte mich sagen: »Hau ab! Pack deine Sachen und geh! Ich komme mit den Jungs alleine klar, bin ich ja eh gewöhnt!«

Ich kam mir saucool und unabhängig vor. Natürlich habe ich auch von Chantal ein dickes Lob kassiert. Ich war so happy, dass sie stolz auf mich war. Gruselig, gell?

Marc ging dann tatsächlich, ohne sich zu wehren. Er mietete sich eine eigene Wohnung und holte ein paar Möbel ab. Cool wie ich war, sage ich ihm, er solle einfach mitnehmen, was er haben will. Gesagt, getan. Als ich mich in der leeren Wohnung so umsah, musste ich erstmal trocken schlucken.

Ja, ich weiß. So wollte ich es ja – oder? Ich redete mir ein, dass Marc eh nicht der Richtige für mich war und dann lieber jetzt ein Ende mit Schrecken als ein Schrecken ohne Ende, wie man so schön sagt.

Marc war kein Mann der großen Worte oder Komplimente. Allerdings beschwerte er sich auch nie. Er ließ mich sein. Nach den hitzigen Beziehungen, die ich vor ihm hatte, tat er mir eine Zeit lang gut. Jetzt war ich aber geheilt und wieder bereit für mehr Leidenschaft. Ich wollte einen Mann, der auch mal laut wird, mich aufs Bett wirft und gierig von Kopf bis Fuß abküsst, mich morgens beim Aufwachen anschaut, mir zärtlich mit dem Finger eine Haarsträhne aus dem Gesicht streicht und mir sagt, wie wunderschön ich bin und dass er sich gar nicht mehr vorstellen kann, ohne mich zu sein. Einen, der um mich kämpft, mir nachläuft, wenn ich im Streit das Zimmer verlasse, mich in seine Arme packt und beteuert, dass er mich nicht verlieren will. Ich wollte erobert werden. Wie im Film halt. Hmmm.... Aber Marc ließ mich gehen, wenn ich sauer war. Ein Streit beeinflusste nicht mal seinen Schlaf. Er wurde nicht laut oder schnell. Er kämpfte nicht.

Aber muss Liebe kämpfen, beweisen und erobern? Mit Mitte zwanzig dachte ich, sie müsse und Marc wollte mich irgendwie nicht zurück. Und wenn, dann hat er das gut für sich behalten. Also litt ich.

Wie es der »Zufall« wollte, wurde kurz nach Marcs Auszug die Wohnung direkt neben Chantal frei. Der Vermieter stand auf alleinerziehende Mütter und fühlte sich wie Superman, als er die Wohnung gönnerhaft einer jungen Zwillingsmutter übergeben konnte.

Was soll's, dachte ich, soll er sich doch als großer Retter fühlen. Die Wohnung war es wert - Maisonette im Dachgeschoss, fast Neubau, exzellente Wohnlage. Unten war eine offene Küche, Bad, Schlaf-, Kinderzimmer und oben auf der Galerie das Wohnzimmer mit einer großen Dachterrasse, überall Dachschrägen mit weiß lasierten Holzbalken, so wie ich es gerne mag.

Der Alltag zog schnell mit uns ein und ich versuchte, nicht ständig an Marc zu denken. Die Jungs hatten beschlossen, nie in dieselbe Richtung zu krabbeln, was in Kombination mit meinem Kummer die Schwangerschaftspfunde endlich purzeln ließ und mir ein Rekordgewicht von 54 kg bescherte. So viel hatte ich zuletzt mit 13 Jahren gewogen.

Zwei Monate später fing ich an, mich wieder mit Marc zu treffen. Sofort war es wieder sehr vertraut zwischen uns. Wir erzählten, alberten herum und lachten endlich mal wieder miteinander. Ich hatte ihn vermisst, seine Umarmung, seinen warmen Körper neben mir im Bett. Es war schön in seiner Nähe und ich genoss jede kleine zufällige Berührung. Wie konnte ich mich nur entlieben? Wir stellten fest, dass wir beide daran arbeiten wollen, die guten Seiten am anderen zu sehen, Wünsche offen auszusprechen und Vorwürfe zu vermeiden. Nicht nur den Jungs zuliebe wollten wir unserer Beziehung eine Chance geben. Der Abstand, den ich inzwischen zu Chantal hatte, beendete das Anti-Marc-Mantra in meinem Kopf. Das half mir, aus diesem Negativstrudel herauszufinden und so dauerte es nicht lange, bis wir wieder zueinander fanden. Ich glaube aber nicht, dass das daran lag, dass ich so dünn war. Das hielt eh nicht lange an, denn wenn's mir gut geht, sieht man das auch sofort an meiner Glücksrolle überm Hosenbund.

Aber lieber Glücksröllchen als Kummerecken!
(Tina Wälde)

Nachbars Kirschen

»Wenn wir dieses Jahr noch heiraten, sparen wir einen Haufen Steuern«. Mitte November 2000 machte er mir im italienischen Restaurant einen Antrag. Ich wollte. Schließlich hatten wir zwei Kinder und mehr Verbindlichkeit gibt's wohl kaum. Allerdings hatte ich mir das Motiv für eine Heirat etwas romantischer vorgestellt.

Ich sagte: »Nein.« Nicht aus diesem Grund und schon gar nicht so kurzfristig. Nee, nicht mit mir. Ich wollte eine richtige Hochzeit, mit allen Verwandten und Freunden und weißem Kleid und Kirche und Blumen und Strumpfband und Tanz und dem ganzen Romantik-Schnickschnack, der dazu gehört. Schön blöd, die Kohle hätten wir gut brauchen können.

Ich sagte Ja zu einer Hochzeit im Sommer darauf und es war ein Fest, das unvergessen bleibt. Alle, wirklich alle waren da. Auf dem Standesamt gaben wir uns das Ja-Wort zu »Tell Me It's Real« von K-Ci & JoJo und tanzten unseren eifrig eingeübten Hochzeitstanz zu Al Green's »Let's Stay Together«. Es gab Torte, eine Ente als Hochzeitsauto, Luftballons, schönes Wetter, eine fröhliche Hochzeitsgesellschaft wie aus dem Ei gepellt, witzige Spiele, großzügige Geschenke, tolle Überraschungen, Freudentränen und einen ausfälligen Brautvater, der voll war wie ein Putzeimer. Alles in allem also eine klassische Hochzeit.

Kurz nach unserer Hochzeit folgten wilde Zeiten. Wir sind aufs Land gezogen, nach Tratschburg. Das Dorf hatte knapp 1000 Einwohner. Alles war sehr beschaulich. Die Jungs hatten gleich am Montag nach unserem Umzug ihren ersten Tag im Kindi. Wir mussten nur über die Straße. Das war praktisch, weil die Jungs noch nie gerne früh aufgestanden sind.

Schnell schlossen wir neue Freundschaften. Ich engagierte mich im Elternbeirat und wurde somit von Anfang an – zumindest bei gleichaltrigen Dorfbewohnern – gut angenommen. Das war nicht selbstverständlich, weil die alteingesessenen Dorfbewohner nur Leute akzeptieren, die auch dort geboren oder zumindest aufgewachsen sind. Nicht aber die Neigschmeggde[8]! Alles war feinerle[9]. Nur Marc war komisch. Stiller als sonst. Gedanklich abwesend. Ich spürte, was los war, traute mich aber nicht, es auszusprechen. Außerdem hatte ich die Worte meiner Omi im Ohr: »Eifersucht ist eine Leidenschaft, die mit Eifer sucht, was Leiden schafft.« Eines Abends fasste ich mir ein Herz und log ihn mutig an: »Wenn du dich in eine Andere verliebt hast, dann will ich das wissen.« Ich fürchtete, dass seine Antwort mein Gefühl bestätigen würde. Nach einer kleinen Ewigkeit antwortete er: »Nein, das ist es nicht.« Puh, ich war erleichtert! Er verhielt sich weiterhin sehr seltsam und war noch seltener und nur körperlich anwesend. Er redete nur, wenn er mir auf eine Frage antworten musste und sah dabei durch mich durch. Manchmal erschrak er sogar, wenn ich etwas sagte. Wenn wir abends ins Bett gingen, drehte er sich gleich weg von mir. Keine

---

8 Neigschmeggde ist der schwäbische Ausdruck für Zugezogene, die generell nicht willkommen sind und frühestens nach neun Jahren als Einheimische gelten. Aber auch nur dann, wenn der Neigschmeggde im Musikverein, bei der freiwilligen Feuerwehr oder sonst im Dorf aktiv ist und den schwäbischen Dialekt einigermaßen beherrscht.

9 Feinerle ist der schwäbische Ausdruck für prima

Löffelchen-Umarmung zum Einschlafen. Kein Sex. Er war abweisend und mied meine Nähe und jeden Augenkontakt. Ich spürte, dass er mich angelogen hatte. Wie meine Mutter, die von meinem Vater mehrmals betrogen wurde, hätte ich damals aber lieber mit einer Lüge gelebt. Aber es kam, wie es kommen sollte. Allerdings hat er mir nicht gleich die ganze Wahrheit präsentiert. Vielleicht dachte er, dass es häppchenweise besser zu verdauen wäre?

Das war es nicht. Es war Feiertag und wir hatten tagsüber einen Ausflug mit den Jungs zu einer Burg unternommen. Wie immer in letzter Zeit hatte Marc mich den ganzen Tag nicht beachtet. Es war nicht so, dass er mich nicht ansah. Er sah durch mich hindurch, als wäre ich nicht da. Bei jedem Versuch, ihn zu berühren oder irgendwie Kontakt zu ihm aufzunehmen, wandte er sich ab. Beim Abendessen sprach er nur das Nötigste mit den Jungs. Gedankenverloren schob er sich eine Gabel nach der nächsten in den Mund. Als ich danach den Tisch abräumte, half er den Jungs beim Zähneputzen. »Die Gutenachtgeschichte liest euch heute die Mama vor. Der Papa muss noch was arbeiten«, vernahm ich aus dem Bad. Ohne weitere Worte ging er in sein Büro und schloss die Tür hinter sich. Ich konnte spüren, dass er woanders sein wollte. Aber wo? Jedenfalls nicht bei uns. Was hatte ich ihm denn getan? Während ich den Jungs vorlas, kreisten meine Gedanken um diese Frage. Ich hatte schon den ganzen Tag Halsschmerzen und beschloss, ein heißes Bad zu nehmen, sobald die Jungs schliefen. Als ich aus der Wanne stieg, klopfte ich an der Bürotür, fasste mir ein Herz und fragte entschlossen: »Ich will jetzt sofort wissen, was mit dir los ist! Wir haben uns doch versprochen, dass wir über alles reden.« Endlich nahm er mal wieder Augenkontakt mit mir auf, als er resigniert feststellte: »Ich weiß momentan nicht, ob ich dich jemals geliebt habe.«

Diese zerstörerischen Worte rissen mich fast in Stücke, bohrten sich in mein Herz und hinterließen ein riesiges Loch. Ich war mir fast sicher, dass das niemals wieder zuwachsen konnte.

Ich konnte nur noch brüllen: »Das ist jetzt nicht dein Ernst! Du blödes Arschloch! Hau ab, geh mir aus den Augen, ich will dich nie wieder sehen!« Man verzeihe mir meine abgedroschenen Worte. Zum Glück schliefen die Jungs tief und fest.

Wie ein geprügelter Hund packte er stumm ein paar Sachen. Und wieder ging er – einfach so. Ohne Kampf, ohne viele Worte. Ich wusste nicht, wohin mit meiner Wut, meiner Angst, meiner Verzweiflung – mit mir! So etwas sagt man doch nicht. Nie! Schon gar nicht ein Jahr nach der Hochzeit. Selbst, wenn es stimmt. Der Trauschein war offensichtlich doch nur ein Stück Papier.

Ich rief Tante Nini zu Hilfe. Die Jungs nannten sie so. Sie war zu der Zeit eine meiner engsten Freundinnen und flitzte auch sofort an. Wir genehmigten uns erstmal ein paar ordentliche Schlückchen Ich-weiß-nicht-mehr-was. Am nächsten Morgen wollte ich nicht, dass die Leute, denen ich im Kindi begegnen würde, mich so zerstört sehen, deshalb lieferte Tante Nini die Jungs dort ab.

Es folgten viele Gespräche mit meiner Mama, meinen Freundinnen. Trotzdem beantwortete mir niemand meine vielen Fragen, die ständig in meinem Kopf aufpoppten und sich dann endlos drehten wie Fliegen um Hundekacke.

Ich wollte nur eins: Ihm auch wehtun! Aber wie? Dieser Mensch war unverletzbar, unerreichbar. Ich versuchte es trotzdem. In blindem Aktionismus stopfte ich seine Klamotten in Müllsäcke. Ich schrieb ihm eine SMS, dass er sie sofort abholen solle, weil ich die Säcke jetzt gleich aus dem Fenster werfe. Ich musste etwas tun und wollte einfach irgendeine Reaktion von ihm.

Hat auch geklappt. 10 Minuten später schoss der schwarze Kombi samt Marc in den Innenhof. Ich stand oben am Fenster und warf ihm einen Klamottensack nach dem nächsten aus dem obersten Fenster im Treppenhaus. Er hat sich nicht mal getraut, mir den Vogel zu zeigen. Schuldbewusst packte er die Säcke in sein Auto und verschwand so schnell wie er aufgetaucht war. Ich weiß – kindische Aktion. Aber boah, hat das gutgetan! Leider hielt die kleine Befreiungsaktion nicht lange an und ich fiel wieder verzweifeltem Weinen zum Opfer.

Es war die liebe Irene, die meinte, dass es so nicht weitergehen kann und schlug vor, ich solle übers Wochenende zu ihr nach Bremen kommen. Eigentlich wollte ich lieber daheim warten und hoffen, dass Marc wieder zu sich gefunden hat, in unsere Wohnung stürmt, mir erklärt, er wäre von Außerirdischen entführt worden, die ihn unter bewusstseinsverändernde Drogen gesetzt und seine Gedanken manipuliert haben, mich auf Knien anfleht, ihm zu vergeben und mir sagt, dass ich die Liebe seines Lebens bin und er nicht ohne mich leben kann.

Allerdings war die Hoffnung auf diesen Sinneswandel gering. Deshalb packte ich mein Köfferchen, lieferte die Jungs bei meiner Mama ab und flog nach Bremen. Dort angekommen, öffneten wir eine Flasche Wein, dann noch eine. Bis heute bin ich froh, dass ich in einer weingedämpften Stimmung war, als Marcs Anruf kam: »Ja, ähm. Also, ähm. Es ist irgendwie so, ähm ... Also, du hattest doch recht. Also, ähm, dass ich mich verliebt habe.« Wumms, das hat gesessen! Da waren sie, diese zerschmetternden Worte, vor denen ich so Angst hatte. Ich hatte es ja geahnt, aber jetzt waren sie ausgesprochen und plötzlich wahr. Schon wieder reagierte ich nur mit dummen und derben Wörtern. Er hat mich wie immer schimpfen lassen und erduldete meine beleidigenden Sätze.

Es war natürlich eine Kollegin. Der Klassiker. Sie war sogar Gast auf unserer Hochzeit! Mit dem IQ einer Stehlampe, aber einer zugegebenermaßen ganz guten Figur, hatte sie meinem Marc ganz schön den Kopf verdreht. Liiert war sie auch, aber die Kirschen in Nachbars Garten sind bekanntlich viel süßer. Außerdem muss man die nicht selber pflegen. Meine Mutter hatte mich immer gewarnt: »Hexle, du musch dem scho regelmäßig Sex gäba, sonsch holt er sich's woandersch.« Klar, da sprach sie aus Erfahrung. Ich konnte seine Anwesenheit nicht mehr ertragen, sie schmerzte mich, deshalb bat ich ihn auszuziehen. Das kam ihm auch sehr entgegen, aber vermutlich aus anderen Gründen. Zum Glück hatte sein bester Freund mehrere Mietwohnungen und Marc kam in einer davon unter.

Wir trafen uns in unserer gemeinsamen Wohnung. Schließlich hatten wir zwei kleine Jungs und mussten uns Gedanken darüber machen, wie es nun weitergehen sollte. Ich habe ihn gefragt, ob die Neue den Schlüssel zu seinem Herzen gefunden hat. Und er wusste es nicht. Er wusste überhaupt nicht viel. Schon gar nicht, wie es weitergehen sollte. Er wusste nur, dass »die Andere« eben Dinge tat, die er bei mir vermisste. Sie himmelte ihn an und das ganze Tralala, das sonst nur Männer mit einem kleinen Ego suchen. Hmmm, vielleicht war das ja Marcs kleine „Ego-Phase"? Ich hatte das Gefühl, dass er erstmal seine neue Liebe genießen wollte. Es schien alles, was ich sagte, an ihm abzuprallen und ich hätte ihm so gerne irgendwelche Dinge an den Kopf getackert! Egal was! Irgendwas, das ihm eine Reaktion entlocken würde!

So vergingen die nächsten Wochen. Auf mich wirkte es so, als würde er sich den leichten Schmetterlingen hingeben und ich der schweren Realität. Den Jungs zuliebe versuchte ich, den Alltag so normal wie möglich zu gestalten. Dreimal pro Woche arbeitete ich vormittags im Wasserbetten-Laden und abends schnitt ich Hinz und Kunz die Haare. So war ich wenigstens etwas abgelenkt und kam nicht auf dumme Ideen. Wobei...

Als Einzelkind teile ich nun mal nicht gerne und es machte mich wahnsinnig, dass diese Frau sich einfach so meinen Marc gekrallt hatte. Also mal im Ernst, sie hatte ja schließlich auch einen netten Freund. Und falls sie gerade in einer ich-strecke-meine-Muha-gerne-jedem-Typen-hin-weil-ich-mich-dann-geiler-fühle-Phase war, warum konnte sie sich stattdessen keinen unverheirateten Mann schnappen? Ok, wie du bestimmt bemerkst, saß das tief. Marc kam regelmäßig seine Jungs besuchen. Unter der Woche reichte es oft nur für eine kurze Gute-Nacht-Geschichte. Seine Zeit war knapp, so zwischen Schmetterlingen und

Arbeit. Ich nutzte dann die Zeit, um einkaufen zu gehen oder ihm sonst wie aus dem Weg zu gehen. Ich musste aktiv werden. Für mich war die Situation unerträglich. Ich stellte mir vor, wie er nach dem Zuklappen des Buchs, das er gerade seinen Kindern vorgelesen hatte, zu ihr fährt und ihr leidenschaftlich die Kleider vom Leib reißt. Diese Gedanken ploppten ständig in mir hoch, ohne dass ich etwas dagegen tun konnte.

Da ich superfeine Antennen besitze, musste ich eines Tages die angebrochene Großpackung Kondome in Marcs Auto hinten in der Tasche des Fahrersitzes finden. Volltreffer in die Magengrube. Er poppte sich doch tatsächlich fröhlich durch sein Auto, während ich mit Haareschneiden, Weißwein und »Golden Girls« versuchte, mich durch die einsamen Abende zu schleppen. So nicht! Nicht mit mir! Also packte ich die Packung Kondome mit einem Brief ein und schickte sie – genau, an die Ehemann-klauende Bitch. Selbstverständlich ins Büro, in der Hoffnung, dass es noch andere Kolleginnen und Kollegen mitkriegen würden:

Sehr geehrte Frau Bitch,
diese Packung habe ich im Auto meines Ehemannes gefunden. Wir haben dafür jedoch keine Verwendung mehr, deshalb überlasse ich die Reste Ihnen. Sie werden die Artikel sicher schnell anderweitig anwenden können.

Vielen Dank für Ihre Dienste. Ein kleiner Seitensprung bringt frischen Wind in eine Ehe.

Mit freundlichen Grüßen

Die Ehefrau

Schade, dass ich ihr Gesicht nicht sehen konnte, als sie das Päckchen aufmachte! Marc hatte mir erzählt, dass der Inhalt eine, sagen wir mal, aufwühlende Wirkung hatte. Mit hochrotem Kopf stürzte sie wohl in Marcs Büro und keifte: »Sag mal deiner Frau, dass sie sich lieber mal um eure Kinder kümmern soll, als solche blöden Aktionen zu veranstalten!« Übrigens hatte ich Marc auch seine Dreckwäsche mit den Worten: »Wenn die Tuss' dich ficken kann, kann sie auch deine Unterhosen waschen« mitgegeben.

Boah, hab' ich mich cool gefühlt. Leider spiegelte mein innerer Gefühlszustand komplett das Gegenteil. War ich schuld daran? Hat ihn die letzte Trennung und meine vorangegangen Zickereien in fremde Arme getrieben?

Eines Tages tauchte er plötzlich bei meiner Arbeitsstelle im Wasserbettenladen auf. Ich stand mit dem Rücken zur Eingangstür und riet gerade einem älteren Ehepaar zu einem Wasserbett mit hoher Beruhigungsstufe, als die Herrschaften plötzlich nicht mehr mich, sondern an mir vorbeischauten. Irgendetwas hinter mir schien interessanter zu sein. Ich verstummte, drehte mich um und sah Marc mit einem Blumenstrauß im Arm. »Ich bin ein Idiot! Bitte verzeih' mir! Ich weiß nicht, was mit mir passiert ist, ich muss verhext worden sein. Du bist die einzige Frau, die den Schlüssel zu meinem Herzen hat. Ich liebe dich.« Ohne zu zögern, sprang ich auf ihn zu, in seine Arme und versank in seinem heißen Kuss.

So hatte ich es mir zumindest erträumt. In Wirklichkeit war er eines Tages einfach wieder da. Das klingt banal und so war es auch. Er kam immer öfter zu Besuch und wir redeten und irgendwann redeten wir nicht mehr nur, sondern taten auch andere Dinge und dann ging er nicht mehr. Und ich war froh, dass er blieb. Er konnte mir nicht erklären, was mit ihm die letzten zwei Monate los war und wie das alles passieren konnte. Nicht, dass ich nicht gefragt hätte. Es fehlte mir was. Er musste mich nicht zurückerobern und das wäre doch nach all dem das Mindeste gewesen. Aber na ja, so durchgekaut, wie ich war, war ich leicht zu schlucken. Ich war müde. Das Ganze war ein absoluter Albtraum und ich war einfach froh, dass er wieder da war. Meine Mama kommentierte das nur mit: »Wer weiß, wofür's gut isch?«

> *Manches wird erst gut, wenn*
> *wir es gut sein lassen.*
> (Unbekannt)

Gemordet wird daheim

Einige Erkenntnisse reicher, fing der Alltag wieder an, seine Runden zu drehen. Sonst war er immer lästig, aber dieses Mal tat er gut! Eins steht fest. Wenn sowas passiert, gibt es nur zwei Optionen: Entweder du kannst verzeihen und schaust nie wieder zurück, oder die Beziehung hat keine Chance mehr.

Ich habe natürlich immer wieder davon angefangen. Für mich war es einfach nicht, wie soll ich sagen? Es war einfach nicht, wie es hätte sein sollen. So, mit überraschender Wendung, wenn er plötzlich erkennt, dass er einen riesigen Fehler gemacht hat, alles bereut und aus lauter Angst, es könnte zu spät sein, auf der Autobahnbrücke das Auto abstellt, über alle anderen Autos, die im Stau stehen, drüberläuft und rennt wie der Teufel, um so schnell wie möglich bei mir zu sein. Ein erlösendes Happy End, bei dem alle Zuschauer mit feuchten Augen applaudieren, wenn wir uns endlich in die Arme fallen. So, wie Boyz II Men das in ihrem Song »On Bended Knee« singen. Ach...

Ja, ok, es war eben nicht wie im Film. Aber war es so nicht trotzdem etwas... lau? Ich weiß, wahre Liebe muss nicht kämpfen, blablabla. Aber mal ehrlich, so ein bisschen Blutvergießen wäre hier schon angebracht gewesen. Fand' ich schon. Das ist uns ein paar Jahre später auch nochmal schmerzhaft auf die Füße gefallen. Aber dazu später mehr.

Oberflächlich betrachtet war alles gut. Wir haben tolle Partys mit unseren neuen Dorf-Freunden gefeiert, ich habe meine Liebe zur Fotografie entdeckt und meine liebe Billemaus kennengelernt. Die Jungs waren mit ihren drei

Jahren zuckersüß, auch objektiv betrachtet. Ihr Patenonkel erzählte ihnen, dass Leute, die ein Cabrio fahren, kein Geld fürs Dach haben. Jedes Mal, wenn wir einem Cabrio-Fahrer oder Fahrerin begegnet sind, der gerade stolz aus seinem schicken Gefährt ausstieg, haben die Jungs ihn oder sie mitleidig angeschaut. Das kam tatsächlich häufig vor, irritierte die armen Cabrio-Fahrer und amüsierte uns köstlich.

Finanziell war es vorne und hinten eng. Marc hatte Steuerschulden vom Verkauf seiner ersten Firma. Um ein paar Geldsorgen aufzufangen, arbeitete ich nebenher. Aber trotz sonntäglicher Arbeit als Bedienung im örtlichen Landgasthof und abendlichem Haareschneiden kamen wir auf keinen grünen Zweig. Aber wie alle Krisen barg auch diese eine Chance. Oder wie meine Mama in problematischen Situationen zu sagen pflegte: »Du woisch ed, für was des gut isch.«

Wir waren zu einer Hochzeit eingeladen und machten uns Gedanken um ein angemessenes Geschenk. Schließlich kann man da ja nicht mit einem Drogerie-Gutschein aufkreuzen. Wir wussten, dass das Hochzeitspaar Krimifans sind und hätten ihnen gerne eine Krimi-Dinner-Event geschenkt, doch das war uns zu hochpreisig, deshalb war unsere Fantasie gefragt. Mit organisatorischem Talent gesegnet und nicht arbeitsscheu, wie ich schon immer war, sagte ich kurzentschlossen zu Marc: »Das machen wir selber. Ich schreibe kurz ein Stück, wir fragen ein paar Freunde, ob sie mitspielen, kochen ein 3-Gänge-Menü und laden die beiden zu uns nach Hause ein. Du bist der Butler. Das kann ja nicht so schwierig sein.« Marc zuckte nervös mit dem Augenlid, wusste aber, dass mich keine Widerworte erreichen konnten, wenn ich dermaßen entschlossen war.

Und wer weiß, vielleicht würde mein Entschluss ja noch weitreichende Konsequenzen haben?

Das Geschenk kam super an! Mega! Jetzt mussten wir natürlich auch abliefern. Ich schrieb ein Krimi-Stück mit verschiedenen Rollen, die ich damals mit fünf spielfreudigen Freunden besetzte. Ich spielte natürlich auch eine Rolle und Marc hat als Butler das Menü gekocht und serviert. Jeder bekam eine Charakterbeschreibung seiner Rolle und einen Ablauf. Die Dialoge waren frei, jeder sollte nur in seiner Rolle bleiben. Das beschenkte Ehepaar sollte dann während des Essens den Kriminalfall lösen.

Es hat alles wunderbar geklappt und alle Beteiligten sprachen noch monatelang begeistert davon. Das war ein Spaß mit Folgen. Als ich ein paar Jahre später eines Abends einem Nachbarn beim Haareschneiden davon erzählte, meinte der: »Mensch Tina, gründe doch hier im Dorf eine Theatergruppe und veranstalte solche Krimi-Dinner im Landgasthof. Da wurde ganz früher auch schon Theater gespielt.«

Gesagt, getan. Das war die Geburtsstunde der »Mords-Crew«.

Keine hat lange überlegt. Die Mädels, mit denen ich im Elternbeirat war, waren sofort Feuer und Flamme. Sie wollten dann gleich noch ihre Ehemänner in die neu gegründete Theatergruppe einbinden. Zwei von dreien waren damit erfolgreich. Zwei weitere Männer und meine Cousine kamen noch dazu. Marc wollte nicht mitspielen, aber dabei sein. Er war unser Inspizient und Mann für das Marketing. Wir hatten keine Bühne im Landgasthof und spielten mitten im Lokal. Auch die Wirtsleute waren gleich begeistert von der Idee und unterstützen von der ersten Stunde an jeden Schritt, den wir als MordsCrew unternahmen.

Wir waren echt cool drauf. Wir haben es einfach gemacht.

Mach' es einfach und mach' es einfach
(Ben Ouattara)

Die Mitmörder

So nannte ich die Mitglieder meiner MordsCrew. Wie in jeder Gruppe gab es auch in diesem Team hin und wieder Wechsel. Schauspieler kamen und gingen. Der harte Kern bestand aus:

Der heimliche Chef Gottfried (von mir Gotti genannt) war es als Polizeirat einfach gewohnt, der Bestimmer zu sein und so konnte er auch in der MordsCrew nie richtig das Zepter abgeben. Vielleicht hatte er auch ein Problem damit, dass eine Frau, nämlich ich, den Ton angab? Und dabei ist mir das gar nicht leichtgefallen. Durchsetzung ist leider gar nicht meine Stärke. Da ich aber nun mal die Gründerin war, die Verantwortung getragen, die Stücke geschrieben und alles organisiert habe, war das eben mein Job. Schauspielerei alleine fand er auch etwas matt, deshalb übernahm er ab dem dritten Stück die Moderatoren-Rolle. Natürlich schrieb er seine Monologe selber, die gerne sehr ausgiebig waren. Irgendwann schrieb er dann alle Dialoge.

Deko-Queen Petra, Frau von Gotti, fiel nicht nur durch ihre Körpergröße von 1,80 m und ihrer blonden Lockenmähne auf. Vor allem bestachen ihre gemachten Gel-Fingernägel, unter die locker 67 g Blumenerde gepasst hätten. Wie man mit den Dingern wohl Hackfleischbällchen macht? Einmal wurde ihre EC-Karte vom Bankautomaten eingezogen, weil sie die Karte mit ihren Krallen nicht greifen konnte.

Helikopter-Mama und Arztfrau Britta, eine typische Chaotin, bei der im Haushalt ein ziemliches Tohuwabohu herrschte. Es schien sie aber nicht zu belasten. Wir sehen

Anderen ja immer nur bis zum Pony und bis dahin wirkte es immer so, als würde sie das Chaos um sich herum akzeptieren. Ich fand sie immer cool. Sie brachte die nötige Ruhe in die Gruppe. Oft wirkte sie eher ignorant, war aber eher ein Ausgleich. Sie hatte eine trockene Art, mit der sie oft überraschend direkt ihre Meinung zum Ausdruck brachte. Das mochte ich. Spontan brachte sie mir mal eine Flasche Prosecco, an der ein Päckchen »Komm, mach den Sekt auf, das hält ja sonst keiner aus!«-Servietten hing, vorbei. Ganz mein Ding!

Doc-Christian, Zahnarzt mit eigener Praxis und nebenbei Brittas Mann, ist humortechnisch immer etwas aus der Reihe getanzt. Gerne zog er alles mit einer Prise Sexismus in die Schmuddelecke, da hat's ihm gefallen. Zweideutige Aussagen waren ihm ein Fest. Das Theaterspielen war für ihn eher ein Ausgleich zum stressigen Job, der sonst seine ganze Zeit ausfüllte. Dementsprechend leidenschaftslos war sein Engagement. Ich kann mich nicht erinnern, dass er ein einziges Mal vor der Premiere seinen Text auswendig konnte. Damit brachte er nicht nur mich zur Weißglut. Das ließ ihn aber kalt.

Bitter-Katja war sehr schwer zufriedenzustellen. Wenn ihr etwas nicht passte, und das kam oft vor, zog sie immer angewidert eine Seite ihrer schmalen Oberlippe nach oben. Das Gute daran war, man wusste immer, wann Katja anderer Meinung war. Spröde und unbeeindruckt nahm sie wortlos an einer Diskussion teil und gab erstmal ihre Missgunst durch Blicke preis, um dann wenig später mit bereits erwähnter hochgezogenen Oberlippe ihrer Ablehnung mit treffend abwertenden Worten noch einen bitteren Klang zu verleihen. Das hinterlässt jetzt eventuell einen negativen

Eindruck. Natürlich hatte sie auch ihre witzigen Seiten. Man konnte wirklich auch Spaß mit ihr haben.

Technik-Olaf hat erst als Schauspieler mitgemacht und stellte später fest, dass das nichts für ihn ist. Er wollte aber trotzdem mit dabei sein und fand, dass er seine technische Begabung ja super einbringen könne. Gesagt, getan. Er sorgte all die Jahre für den guten Ton und setzte uns ins bestmögliche Licht.

Ivo, die Harpune sah nicht nur gut aus und becircte vor allem unsere weiblichen Gäste mit seinem Charme, er war noch dazu ein begnadeter Schauspieler. Er ist beim ersten Stück für Olaf eingesprungen. Eine Bühnenpräsenz hatte der, Wahnsinn! Manche Damen kamen sogar nur, um ihn zu sehen. Er hatte seine persönlichen Groupies. Das kann man schon so sagen. Bei den letzten beiden Stücken war er allerdings nicht mehr dabei, weil er keinen Bock mehr auf Textlernen hatte. Ich erwähne ihn hier aber trotzdem beim harten Kern, weil er immerhin vier Stücke lang Teil der MordsCrew war.

Pilates-Marvin war witzig und unkompliziert. Der große Glatzkopf hatte die Gabe, der MordsCrew das Drama zu nehmen. Mit seinen großen blauen wachen Augen und seinem Badenser Humor sorgte für den nötigen Ausgleich. Leider war er nicht lange dabei, weil er sich neben seinem Beruf selbstständig gemacht hatte und mit seinen Pilates- und Yogakursen völlig ausgelastet war.

Neutral-Torben hat die MordsCrew bei den letzten beiden Stücken durch sein schauspielerisches Talent aufgewertet. Weil er so ausgeglichen war und sich aus allem rausgehalten hat, gibt es über ihn nicht mehr zu sagen. Unser Tanz zu »Mary's Prayer« von Danny Wilson im fünften MordsCrew-Stück, war legendär.

O-Schatzi[10] muss hier auch noch erwähnt werden. Sie kam zwar erst später ins Team und hatte kleine Minirollen. Diese haben unsere Stücke sehr aufgewertet und waren deshalb nicht weniger wert. Sie und ihr Mann waren und sind treue Freunde, die mir immer zur Seite standen.

Als begabter Hobby-Musiker hat sich ihr Mann **Owen** immer um alles Musikalische und Tonaufnahmen aller Art gekümmert. Der Ton hat in unseren Stücken immer eine wichtige Rolle eingenommen.

Wir waren alle Dorfbewohner, hatten bis auf O-Schatzi und Owen Kinder, die im selben Alter waren und jetzt noch ein gemeinsames Projekt. Das hat uns verbunden. Zumindest eine Zeit lang.

> *»Alleine ist man stark und gemeinsam unschlagbar«*
> *(Unbekannt)*

---

10 *O-Schatzi heißt Olga und wird von ihrem Mann Schatzi genannt.*

Ein schlechter Jahrgang

17.02.2007, Premiere unseres ersten Stücks »Ein schlechter Jahrgang«, 50 Gäste im Landgasthof, davon 99 % Freunde und Verwandte. Es roch nach Haarspray, Sekt, Nikotin-Atem, Pfefferminz und Angstschweiß. Durch unser Herzklopfen verteilten sich die Körperausdünstungen rasend schnell in unserer Mini-Garderobe, die sonst als Zimmer des Kochs diente. Der Duft von Knoblauch und Frittierfett kroch aus der Küche und gesellte sich dazu. Das Stück spielte auf einem Weingut, weshalb ein altes Weinfass als Bühnenbild diente. Einfach aber einfallsreich. Ivo lief, das Skript in der einen, ein Weizenbier in der anderen Hand und Kippe im Mundwinkel hinter dem Gasthof auf und ab und übte seinen Text. In der Hoffnung, es würde uns etwas beruhigen, kippten wir Mädels noch schnell zwei Gläser Sekt runter, was die Aufregung aber noch mehr puschte. Ich hatte extra Atemübungen gegen Lampenfieber gelernt, um sie mit meiner MordsCrew vor dem großen Auftritt durchzuführen. Schließlich hatten wir alle keine große Bühnenerfahrung.

Der Platz zwischen Gastraum und Nebenzimmer war unsere Bühne, weshalb die Gäste mitten im Geschehen saßen. Ein schwarzer Vorhang trennte den Gastraum ab, wodurch ein kleiner Nebenraum vor der Küche entstand, den wir als Backstage- und Buffet-Bereich nutzten. Gespannt lugten wir hinter dem Vorhang auf die Bühne und beobachteten die erwartungsvollen Gesichter unserer Gäste.

Kurz vor dem Gong. Die Aufregung stieg ins Unermessliche! Es half nichts, wir mussten raus auf die Bühne. Die ersten Sätze klangen noch etwas wackelig, aber die Resonanz unseres begeisterten Publikums half uns schnell auf die Sprünge. In meiner Rolle als vom Vater vernachlässigte »Ruth« sang ich Laura Pausinis »La Solitundine«. Natürlich nur Playback, dafür aber mit vollem Körpereinsatz und dramatischem Kniefall.

Nach dem ersten Akt gab es eine Pause mit schwäbisch-griechischem Buffet. Guter Dinge saßen wir Schulter an Schulter in der winzigen Garderobe, den Teller auf dem Schoß und gönnten uns eine große Portion Gyros mit Spätzle. Jetzt konnte nichts mehr schiefgehen. Gut, dass unser Publikum nur aus Leuten bestand, die uns wohlgesonnen waren. Ich hatte eine zentimeterdicke Gänsehaut, als wir uns am Ende zu Robbie Williams »Let Me Entertain You« verbeugten und im Applaus badeten. Das war wie ein Rausch.

Mit den Jahren kamen viele neue und uns unbekannte Gäste dazu. Die Veranstaltungen sprachen sich herum und der Einzugsbereich vergrößerte sich immer mehr. Wir hatten unseren Welpenschutz beim Publikum verloren. Und was soll ich sagen, sie mochten uns! Sie liebten uns!

Vier Stücke später war unser Publikum auf 94 Gäste pro Veranstaltung gewachsen. Das war nur möglich, wenn wir vor den Auftritten den gesamten Gasthof umbauten und mit Podesten ausstatteten, damit die Gäste von weiter hinten auch noch einen guten Blick hatten.

Mit jedem Stück sind wir von Oktober bis März zweimal pro Monat aufgetreten. Sprich: 12 x pro Stück. Da kam schon was zusammen. Wenn Marc den Newsletter abends um 20 Uhr verschickte, waren wir am nächsten Tag um die Mittagszeit ausverkauft.

Es war Wahnsinn! Wir konnten unser Glück kaum fassen und schwebten auf unserer Erfolgswolke. Es war ein guter Jahrgang!

Die Stimmung in der Gruppe rutschte mit der Zeit etwas ab. Das lag nicht zuletzt am Machtkampf, der sich unausgesprochen zwischen Gotti und mir entwickelte. Anfangs war er nur für die kriminalistische Logik zuständig, riss dann aber immer mehr Aufgaben an sich. Wir hatten beide dasselbe Ziel, wollten die MordsCrew voranbringen und unsere Ideen einbringen. Bezüglich der Umsetzung hatte er oft andere Vorstellungen als ich und boxte die aus Überzeugung, es wären die besseren, dann auch irgendwie immer durch. Deshalb war er auch der heimliche Chef. Sehr talentiert konnte er so lange immer wieder von einer Sache anfangen oder besser noch: beleidigt sein, bis ich es nicht mehr ausgehalten habe und zugestimmt habe. Manchmal hatte er dann auch noch recht und sein Vorschlag kam gut an oder war hilfreich. Sein süffisant besserwisserisches Grinsen in solchen Momenten, wenn er feststellte: »Dawäga sag i« war legendär.

»Nur mit Fazebuck[11] kenn i mi ed so gut aus, des muas dr Marc macha«, gestand er ein und amüsierte sich dabei über seine Facebook-Interpretation. Weil sonst keiner lachte, wiederholte er seine Wortkreation noch ein paar

---

11 *Menschen, die besonders lustig sein wollen, sagen »Fazebuck«, »Burzeltag«, »guten Morgääähn« und »zum Bleistift«*

Mal und ließ sie immer mal wieder einfließen. Hätte ja sein können, dass wir es einfach nicht kapiert haben.

Da ging er gerne auf Nummer sicher. Ich hatte das Gefühl, dass er als Alpha-Männchen spezielle Aufgaben brauchte, durch die er aus der Gruppe herausragen konnte. Das tat er durch seine fast zwei Meter Körpergröße zwar eh, aber das Gefühl ist ja entscheidend. »Da finden wir für dich auf jeden Fall noch eine Aufgabe, bei der du dich austoben kannst«, verkündete ich und hoffte, damit keine schlechten Geister zu rufen.

Gotti hob sein Glas: »Na dann, Proschdada[12]«

»Humor ist, wenn man trotzdem lacht«
(Otto Julius Bierbaum)

---

12   ...und »Proschdada«

Silberkopf-Fledermäuse

Neben den Mords-Auftritten feierten wir lustige Motto-Partys. Von Après-Ski, über Männer-Frauen-Kleider-Tausch bis hin zur Bad-Taste-Weihnachts-Party war alles dabei. Ich stellte fest, dass nicht nur eine Leidenschaft für Organisation in mir schlummerte, sondern ich als Zwillingsmama auch Erfahrung und Fähigkeiten dafür mitbringe. Ich wusste nur noch nicht, wie ich den Event-Tiger in mir freilassen konnte.

Die Kindergeburtstage, die in unserem Dorf gefeiert wurden, glichen eher einem Wettkampf. Da wurde teilweise richtig viel Geld für Deko, Gastgeschenke und Attraktionen ausgegeben. Natürlich musste man da nicht mitmachen, aber ich wollte Party-technisch unbedingt mithalten. Das war mir wichtig. Wenn ich schon bei den anderen Mütter-Performances, wie nähen, stricken oder backen nicht anstinken konnte, wollte ich wenigstens die Geburtstagspartys für meine Jungs mit »Bäääm-Effekt« gestalten. Zum Glück haben sie immer zusammen gefeiert. Zweimal pro Jahr hätte ich das nicht gepackt. Da wurden also alle Register gezogen. Weil die Jungs kurz vor Halloween Geburtstag haben und das damals mega angesagt war, durften die Kinder immer verkleidet zur Party kommen. Das kam natürlich schonmal super an. Blöd war nur, dass wir neben dem ganzen Party-Equipment nicht auch noch jedes Jahr zwei neuen Kostüme besorgen konnten. So war meine Kreativität sehr gefordert.

An ihrem 4. Geburtstag wollten die Jungs unbedingt als Fledermäuse verkleidet sein. Hmmm... Vom Jahr davor hatten wir noch silberne Ritter-Kappen. Aus schwarzem

Moosgummi habe ich vier Dreiecke ausgeschnitten und die als Ohren an die zwei Kappen genäht. Eigentlich kann ich nicht nähen, aber wenn ich was will, kriege ich es auch immer irgendwie hin. Außerdem kam mir zugute, dass man den Jungs wirklich jeden Bären aufbinden konnte. »Dann machen wir aber was Besonderes. Immerhin seid ihr die Geburtstagskinder. In dem Fall müsst ihr Silberkopf-Fledermäuse sein«, sagte ich mit wissender Stimme und meinte es so. Erst sahen mich beide fragend an, bestätigten dann aber meine entschlossene Ausstrahlung mit: »Jaaaaa, wir sind Silberkopf-Fledermäuse!« So waren die Jungs die absoluten Stars auf ihrer Party. Man strahlt eben aus, was man denkt und fühlt!

Natürlich war nicht immer Party. Freud und Leid liegen ja bekanntlich nah beieinander. Es war mitten in der Nacht, als Loui plötzlich vor meinem Bett stand und flüsterte: »Mama, mein Bett brennt«.

»Waaaas?«, schrie ich, rannte schlaftrunken in den Flur, rief nach Marc, rutschte auf den glatten Bodenfliesen aus und knallte auf die Knie. Wie in einem schlechten Traum rappelte ich mich sofort auf und stürzte die Holztreppen hinauf. Der dichte Rauch hatte sich schon im ganzen Kinderzimmer ausgebreitet. Ich sah, wie sich eine spitze Stichflamme aus Loui Matratze emporstreckte und dem Dachgebälk schon bedrohlich nah war. Nino lag ein Meter daneben und schlummerte ganz friedlich in seinem Bett. Keine Sekunde zögerte ich, riss mein Kind am Arm entlang über den Laminatboden, raus aus dem Zimmer und trug ihn die Treppe runter ins Schlafzimmer, wo Loui ganz verdattert auf dem Bett saß. Marc löschte in der Zwischenzeit mit einem nassen Handtuch vor Mund und Nase das Feuer mit Wasser. Das ganze Zimmer war in beißenden Qualm gehüllt. So gefährlich die Flamme aus der Matratze stach, so schnell ergab sie sich und erlosch. Mit schmerzenden Knien und einem Schock, der mir erst am nächsten Tag richtig bewusst wurde, nahm ich meine Jungs in die Arme und heulte erstmal 'ne Runde. Nicht, weil was passiert ist, sondern weil meinen Jungs nichts passiert ist. Ich war so dankbar! Die Nachttischlampe war der Übeltäter. Loui muss beim Lesen eingeschlafen und dann im Schlaf an seinen Nachttisch gekommen sein, sodass die Lampe umfiel und im Bett landete. Wahrschenlich kam dann noch die Bettdecke über die Lampe und das reichte schon aus. Loui wachte auf, weil es an seinem Bauch heiß wurde. Alles in dem großen Zimmer im Dachgeschoss war übersät mit winzigen, schwarzen Rußpartikeln. Die Säuberung und Renovierung des Kinderzimmers kostete uns viel Zeit. Aber das war unsere kleinste Sorge. Man soll sich nicht ausmalen, was dieser Brand in einem schlimmeren Szenario für Konsequenzen gehabt hätte. Ich musste trotzdem oft daran denken. Das ist, wie nicht an den blauen Elefanten denken zu dürfen. Was, wenn Loui nicht aufgewacht wäre? Meine Mama stellte mal wieder fest: »Hexle, des hot so solla sei« und Leselampen wurden von da an immer mit Energiesparlampen ausgestattet und fest an die Wand übers Bett geschraubt. Was für ein Glück wir doch hatten!

Was immer geschieht, es liegt an uns, darin Glück oder Unglück zu sehen
(Anthony de Mello)

Wer hoch hinaus will...

Ist Höhenangst die Angst vor Höhe, oder nicht eher vor der Tiefe? Eigentlich doch vor der Tiefe, oder? Wenn ich hoch oben stehe und in die Tiefe schaue, dreht sich alles um mich. Meine Muskeln scheinen plötzlich aus Pudding zu bestehen und ich habe das Gefühl, von der Tiefe angezogen zu werden. Als könnte ich es nicht kontrollieren und auf jeden Fall herunterstürzen.

Ich wollte unbedingt Skifahren lernen. Sowohl Marc als auch die Jungs waren super Skifahrer. Die Jungs flitzten mit vier Jahren schon den Berg runter, als hätten sie noch nie etwas anderes gemacht. Ich dachte, das könne nicht schwer sein, schließlich war ich Eiskunstläuferin. Ich würde ein Wintersport-Naturtalent sein.

Wir vier verbrachten eine Woche mit meiner Schwägerin Heike und ihrem Mann Claus im Kleinwalsertal. Beim Anfänger-Skikurs war alles noch ganz fein. Wir übten an seichten Hügelchen, die Gruppe war nett und der Skilehrer ziemlich sexy. Ich zeigte mich von meiner besten Seite und stellte mich ganz gut an.

Nach vier Tagen wurden wir in die Freiheit entlassen und durften alleine auf den Berg. Stolz liftete ich mit allen zusammen auf die Piste. Oben angekommen fuhr es mir wie ein Donnerschlag durch meine Glieder. Ach du Sch... war das steil! Es ging volle Kanne abwärts. Mit weit aufgerissenen Augen stand ich verkrampft am Anfang der Piste und umklammerte meine Skistöcke. Ich konnte nicht vor und nicht zurück. Die Jungs feuerten mich an: »Komm, Mama. Du hast es doch jetzt gelernt.« Sie zeigten mir, was ich alles beachten musste. Ich fing an zu heulen: »Ich kann nicht, ich kann nicht.« Marc, der viel Kohle für den Kurs und das Ausleihen des Equipments hingeblättert hatte, war total genervt: »Jetzt stell dich nicht so an. Du steigerst dich da in was rein.« Mit einem abfälligen Schnauben, als würde ich mir die Höhenangst nur einbilden, brauste er davon. Die Leute um mich herum schüttelten entweder ungläubig den Kopf, schauten mitleidig zu mir oder rempelten mich mit genervtem Blick an. Gut, ich stand echt im Weg. Aber ich konnte mich keinen Millimeter vom Fleck bewegen. Die Angst hatte meinen Körper gelähmt.

Als Heike und Claus, die beide super gut Skifahren, wieder am Anfang der Piste ankamen und sahen, dass ich da immer noch regungslos stand, erkannte Claus meine Not. Mit seinen fast 2 Metern konnte er mich geschickt unter den Armen einhaken. Mit mir zwischen seinen Beinen rutschten wir im Schneckentempo die Piste runter. Inzwischen war ich nicht nur steif vor Angst, sondern auch von der Kälte. Wie einen nassen Sack schob er mich angestrengt, vorsichtig und völlig deplatziert vor sich die Piste runter.

Unten angekommen war ich so erleichtert, als hätte ich eine lebensbedrohliche Situation überlebt. Die Tränen liefen mir ungebremst die Wangen runter und tränkten meinen Rolli, bis er klatschnass war. Was soll ich sagen? Meine Skifahrer-Karriere war damit beendet.

Trotz anhaltendem Geldmangel waren wir jedes Jahr im Urlaub. Das war uns wichtig. Immer mit dem Auto und immer auf einem anderen Campingplatz in Südfrankreich, Italien oder Spanien. Unser Urlaub begann schon auf der Autobahn. Wenn wir morgens losfuhren und es gerade anfing zu dämmern, packten wir die ersten belegten Brote aus.

Die Jungs waren den ganzen Tag auf dem Campingplatz unterwegs. Sie kamen nur vorbei, wenn sie Hunger hatten. Dann habe ich ihnen den Sand abgeklopft und schwups, waren sie wieder weg. Nachdem wir sie abends eingefangen hatten, sind sie Sand-Salz-verkrustet in ihre Betten gesunken und schnarchten glücklich in tiefem Schlaf. Marc und ich kamen uns wieder näher und fanden uns immer mehr neben unserer Elternrolle auch als Paar wieder. Trotzdem fiel es mir schwer, zu vergessen. Immer wieder ploppten Bilder in meinem Kopf auf und ich stellte mir vor, wie er mit ihr...

Auch wenn nicht alles wieder heil war und wir unsere Differenzen hatten, hatte ich das Gefühl, dass die Trennungen, die Geldsorgen, der Aufbau des Krimitheaters, einfach die Täler und Berge, die wir zusammen durchwandert und bestiegen sind, uns zusammengeschweißt haben. Das hätte ja auch schiefgehen können.

Wer in deinen schlimmsten Zeiten an deiner Seite bleibt, ist derjenige, der es verdient hat, in deinen besten Zeiten bei dir zu sein.
(Unbekannt)

Tschüss Kindheit

Meine Mama wollte schon lange nicht mehr. Nicht ohne meinen Vater. Obwohl sie in ihrer 20-jährigen Ehe nie richtig glücklich mit ihm sein durfte, kam sie seit der Scheidung nicht mehr aus ihrem Kummerloch heraus. Als ich ihr von meiner Schwangerschaft erzählte, reagierte sie tränenreich: »Das ist meine Rettung. Jetzt lohnt es sich für mich, weiterzuleben!« Das erste errechnete Geburtsdatum meiner Jungs war sogar ihr Geburtstag – ihr Glück schien perfekt. Von da an konnte ich quasi keinen Schritt mehr ohne meine Mama gehen. Das ganze Loslassen war für die Katz.

Es war Freitag, der 13. im Jahr 2010 als sie dann endgültig und alles losgelassen hat. Einfach so – still und heimlich. Sie war zur Kur im Schwarzwald. Die Erholung sollte dort nie enden. An diesem Abend ist sie eingeschlafen und morgens nicht mehr aufgewacht.

Ich glaube, dass sie nicht mehr konnte und auch nicht mehr wollte. Viel zu groß waren ihre Leiden und viel zu klein ihre Freuden. Ihre Lungenkrankheit ließ sie immer dicker und die daraus resultierende Unbeweglichkeit immer kränker werden. Der Teufelskreis endete in einer Abwärtsspirale. Sie wurde immer abhängiger von Hilfe und Hilfsmitteln, vom Rollator, der sie zum Klo und wieder zurück stützte, von Leuten, die kommen und ihr Lebensmittel brachten, ihr die heruntergefallene Fernbedienung aufhoben, ihr die Haare und den Rücken wuschen. Sie hatte ihre Unabhängigkeit völlig verloren. Dabei war ihr die so wichtig, wenn sie schon emotional immer in der Liebe zu meinem Vater gefangen war.

Die Trauerfeier war schön. Ich hatte den Song »Wind Beneath My Wings« von Bette Midler ausgesucht. «Wusstest du, dass du meine Heldin bist? Und alles, was ich gerne sein möchte? Ich kann höher fliegen als ein Adler. Denn du bist der Wind unter meinen Flügeln«, singt Bette im Refrain und spricht mir dabei aus der Seele. Meine Mama hat mich immer ermutigt und unerschütterlich fest an mich geglaubt, meine Fähigkeiten gefördert, meine Schwächen akzeptiert und in jedem Leid eine Chance gesehen. Sie war für mich stark, weil ich der wichtigste Mensch in ihrem Leben war. Ich wünschte nur, sie wäre sich selber auch wichtig gewesen! Sie hat mir das Gefühl gegeben, ein ganz besonders toller Mensch zu sein und damit das gegenteilige Gefühl ausgeglichen, das mir mein Vater vermittelte. Dafür bin ich ihr sehr dankbar!

Es waren viele Menschen da. Klar, manche kamen nur aus Neugierde und waren dann ganz enttäuscht, dass der Sarg geschlossen war.

Mein Vater war nicht da – wie so oft, wenn man ihn gebraucht hätte. Wobei, was hätte er schon tun können? Da er nie da war, brauchte ich ihn auch jetzt nicht. Er trauerte und sagte mir, dass er nie aufgehört habe, meine Mama zu lieben. Das glaubte ich ihm sogar. Aber ich konnte ihm einfach nicht verzeihen, dass er diese Liebe nicht mit ihr leben konnte. Sie wollte nie mehr als das. Er war die Liebe ihres Lebens, auch wenn ich das nie verstehen konnte.

Mit sieben Jahren dachte ich zum ersten Mal, dass es besser wäre, wenn sie sich trennen würden. Natürlich kannte ich noch nicht die genaue Bedeutung einer Trennung, aber meine Mama war immer so anders, wenn mein

Vater da war. Sie war nervös und angespannt und wollte ihm alles recht machen. Sie hätte sich sogar schlagen lassen. Ob gut oder schlecht. Hauptsache, Aufmerksamkeit von ihm. Jahrelange Demütigungen durch Affären oder verbal, seine Übellaunigkeit, oder wenn er mal wieder vor allen Leuten Witze auf ihre Kosten machte: »Siehst aus wie eine Litfaßsäule.« Sie wollte nur wissen, ob ihr das weiße T-Shirt steht, das sie sich im Katalog bestellt hatte. Sie hatte alles ertragen. Manchmal denke ich, dass es genau das war, was ihn vertrieben hat. Er spürte ihre emotionale Abhängigkeit. Ich weiß, dass sie die Sehnsucht nach ihm krank gemacht hat. Gestorben ist sie dann an gebrochenem Herzen.

Meine Verwandtschaft geht mit Schicksalsschlägen sehr besonders um. Es ist ein Anlass, um gemeinsam zu weinen, Pizza zu bestellen und Filme zu gucken. Man aalt sich gemeinsam im Schmerz und bedauert sich gegenseitig. Darauf hatte ich keinen Bock und es hätte mir auch nicht geholfen. Ich musste nach vorn schauen, vieles klären und organisieren. Immerhin war ich diejenige, die für alles die Verantwortung hatte.

Es war bestimmt eine der schwersten Zeiten, durch die ich bisher musste und ohne meinen Marc hätte ich das wahrscheinlich auch nicht unbeschadet durchgestanden. Er war der Hammer! Wie immer hatte er die Ruhe bewahrt, sich um alles gekümmert und gesprochen, wenn mir die Worte fehlten. In dieser Zeit hatte er alles wieder gutgemacht und ich konnte ihm verzeihen. Zum ersten Mal spürte ich, was Liebe zwischen Partnern ist. Doch! Wirklich! Die Liebe im Sternenhimmel zu sehen, ist einfach. Aber um die Liebe im Nebel zu sehen, muss man tiefer stöbern! Im Vergleich ist das Gefühl natürlich nicht so schillernd oder aufregend und schon gar nicht sexy. Dafür wiegt es schwer, ist kräftig, ehrlich, geduldig und braucht keine Schminke.

Ohne Liebe kein Schmerz. Vielleicht lassen deshalb viele Menschen keine Liebe zu? Es tut einfach schlimm weh, wenn man einen geliebten Mensch verliert!

Trauer kommt in Wellen. Der Schmerz zieht sich zurück und erwischt einen dann wieder ganz plötzlich und schwappt über dich darüber – auch heute noch! Ich vermisse meine Mama sehr oft! Sie war immer stolz auf mich, hatte mir Mut gemacht und mir den Rücken gestärkt. Sie gab mir das Gefühl, perfekt zu sein – so wie ich bin. Immer hatte sie einen Plan – zumindest für meine Unglücksfälle. Ich glaube, sie war nur einmal wirklich von mir enttäuscht: als ich ihr mit 16 Jahren gebeichtet habe, dass ich rauche. Vor lauter Schreck zog sie sich erstmal fünf Zigaretten hintereinander rein. Natürlich weiß ich heute, dass sie sich für mich ein rauchfreies Leben gewünscht hat. Vor allem, weil sie so krass süchtig war.

Nach einem Gespräch mit ihr hatte jede Katastrophe ihren Schrecken verloren und ich war wieder zuversichtlich. Aber was jetzt? Niemand nannte mich mehr »Hexle«, niemand wartete auf meinen Anruf, dass ich nach einer längeren Autofahrt gut angekommen bin, niemand…

Niemand wird dich so bedingungslos lieben wie deine Mutter. Wenn sie tot ist, bist du plötzlich kein Kind mehr. Tröstend ist, dass dir diese Liebe niemand wegnehmen kann. Sie überlebt den Tod und begleitet dich für immer.

Als ich erkannt habe, dass auch ich sterben werde, fing ich an zu leben
(Stefan Goedecke)

Sekretärin auf Abwegen

Meine Mama erlebte leider nicht mehr, dass ich noch eine echte Karriere hinlegte. Mein Job im Büro eines Sportgeschäfts war zwar okay, aber weil ich mich nicht blöd anstellte, musste ich auch an der Kasse im Laden aushelfen und fand mich plötzlich in einer Position, die ich nie wollte. Wahrscheinlich passiert das den Menschen, die sich nicht abgrenzen können, öfter. So hielt ich mal wieder die Augen offen und schwups, da kam sie auch, die interessante Stelle.

Das Deutsche Rote Kreuz suchte eine Sachbearbeiterin für halbtags in der Ausbildungsabteilung. Das klang nach einem soliden Bürojob. Und dann auch noch beim Roten Kreuz. Da hatte ich pauschal das Gefühl, etwas Gutes zu tun, auch wenn es nur im Büro ist. Schließlich musste den Job auch jemand machen. Es kann ja nicht jeder Leben retten. Manche müssen auch den Papierkram drumherum erledigen und das ganze Retten irgendwie organisieren.

Das Bewerbungsgespräch war seltsam. Wir waren sechs Bewerberinnen, die an in U-Form aufgestellten 2er-Tischen saßen. Vorne saßen drei Männer, die uns abwechselnd schlaue Fragen stellten, die sie offensichtlich zuvor im Internet heruntergeladen hatten. Vielleicht hatten sie auch einen Kurs besucht, wie man erfolgreiche Bewerbungsgespräche führt.

Sie stellten uns Fragen, wie: »Warum denken sie, dass sie für die Stelle geeignet sind? Was sind ihre Stärken? Was sind ihre Schwächen? Und natürlich meine Lieblingsfrage: Warum sollten wir sie einstellen?«

Der moppelige Glatzkopf mit den roten Backen in der Mitte des Tisches hatte das Gespräch moderiert. Er war der Abteilungsleiter und eventuell mein zukünftiger Chef und meinte nur grinsend: »Wir melden uns bei ihnen.«

Kaum daheim erhielt ich einen Anruf: »Frau Wälde, wir fanden das Gespräch mit ihnen sehr gut. Wir denken aber tatsächlich, dass sie für die Stelle überqualifiziert sind und hätten da jetzt eine Frage. Wir müssen nämlich auch die Stelle der Assistentin der Geschäftsleitung neu besetzen, da die aktuelle Assistentin schwanger ist. Das wäre allerdings eine Vollzeitstelle. Wäre die denn interessant für sie?«

Ob das was für mich ist? Natürlich habe ich damals Ja gesagt. Das klang einfach nach einer Stelle, für die man was auf dem Kasten haben musste.

In der Realität war es der langweiligste Job ever. Meine Präsenz war halt gewünscht und ich musste Sitzungen vorbereiten und dabei Protokolle führen. Das war wirklich nicht mein Ding! Mein Chef verzweifelte fast an meiner Protokollführung. Es war ihm immer zu »blumig« geschrieben, zu untrocken. Hallo? Schließlich schrieb ich Krimitheaterstücke und das sehr erfolgreich. Zu der Zeit hatten wir schon das dritte auf die Bühne gestellt. Die Premiere musste zum ersten Mal ohne unseren größten Fan, meine Mama, stattfinden. Ihren Stammplatz ganz vorne vor der Bühne hatten wir nicht verkauft. Ihr zu Ehren stellten wir eine große Sonnenblume an die Stelle, wo uns sonst ihr strahlendes Gesicht stolz anhimmelte.

Es waren meine lieben Kollegen, die meinen öden Büroalltag aufpeppten. Ich verbrachte einen Großteil der

Arbeitszeit damit, sie alle zu unterhalten, zu motivieren oder als Kummerkasten behilflich zu sein. Das Beste an dem Job war die Verwaltung des Büromateriallagers. Alle Bestände laufend zu kontrollieren und bei Unterschreiten der Mindestmenge das Büromaterial nachzubestellen, war eine verantwortungsvolle Aufgabe. Wenn eine Kollegin oder ein Kollege einen Bleistift oder Klarsichthüllen brauchte, mussten sie bei mir die Artikel abholen. Dieser Vorgang wurde gerne mit einem Schwätzchen kombiniert. Mal abgesehen von der Tatsache, dass ich Büromaterial und Schulbedarf total liebe, war das ein netter Nebeneffekt.

Allerdings erfüllte mich das nicht wirklich, obwohl ich bis zu diesen Gedanken immerhin fünf Jahre lang durchgehalten habe. Aber war es das? Durchhalten? Die Unruhe in mir und das Gefühl, eine andere Berufung zu haben, wurden immer größer. Ich wusste, was ich kann und was ich gerne mache. So war schnell klar, welcher Beruf der richtige für mich ist.

Aus Langeweile verbrachte ich während der Arbeitszeit sehr viel Zeit auf dem Klo. Obwohl es ziemlich in die Jahre gekommen war, mit matschfarbenen Boden- und Wandfliesen und ohne Fenster. Es roch immer nach ranziger Flüssigseife und ungewaschenem Schritt. Nicht mal der abfällige Blick, mit dem mich die chronisch frustrierte Frau Pflummpalumpa, wie ich sie nannte, bedachte, wenn ich auf dem Weg dorthin an ihrem Büro vorbeikam, konnte mich aufhalten. Dort war ich meistens alleine und konnte meine Gedanken sammeln.

Das konnte es nicht gewesen sein. Das passte nicht zu mir. Aber was sollte ich tun? Wer wollte ich sein?

Ich musste an den Spruch von meinem Lieblingscoach Ben Ouattara denken: »Nicht, was habe ich für Ziele, sondern WER will ich sein?« Als ich plötzlich bei meiner Lieblingsbeschäftigung während der Arbeitszeit im Internet auf eine Anzeige stieß: »Per Fernstudium zum Erfolg«.

Unter vielen anderen Angeboten wurde auch ein Fernstudium zur Eventmanagerin (IHK) angeboten. Wenn man eine kaufmännische Ausbildung und langjährige Berufserfahrung vorweisen konnte, ging das auch ohne Abitur. Bingo. 15 Monate lang sollte es dauern, wobei man sich die Zeit einteilen und auch zur Not verlängern konnte. Die monatlichen Kosten waren auch tragbar. Jetzt oder nie! »Und wenn's nix isch, war's vorher au nix«, würde meine Mama sagen. Von der ersten Idee bis zur Unterschrift der Anmeldung zum Fernstudium »Eventmanagement IHK« vergingen keine fünf Tage. Ich liebe es einfach, Leute zu unterhalten, sie aus ihrem Alltag zu entführen, sie zum Lachen zu bringen, sie glücklich zu sehen.

Wer immer tut, was er schon kann,
bleibt immer das, was er schon ist.
(Henry Ford)

Winnetou war unerwünscht

S.O.W. war ein einsamer Mann.

Er nannte sich selber so. Natürlich wurden die Buchstaben amerikanisch ausgesprochen, so klang es cooler. S. O. Double-U war die Abkürzung seines Namens: Siegfried Otto Wälde.

Bei meiner Einschulung war er nicht dabei. Irgendeine Affäre – ich glaube, die damalige hieß Danuta – war wichtiger. Meine Mama weinte viel in der Zeit. Sie tat mir leid, fand es aber trotzdem schön, wenn er nicht daheim war. Es war so entspannt.

Ich durfte nie eine Freundin empfangen, weil er sein Mittagsschläfchen machen musste und auf keinen Fall gestört werden durfte. Sonst war er nicht zu ertragen! Doch, er war berufstätig. Er war als Servicetechniker für Kopiergeräte im Außendienst tätig. Wenn er gerade keine Geliebte hatte, war er jeden Tag um 13 Uhr daheim. Ich habe keine Ahnung, wie er es hingekriegt hat. Zumal seine Anwesenheit bedrohlich war, weil man ständig Gefahr lief, seine schlechte Laune zu maximieren.

Ich hatte grundsätzlich immer das Gefühl, ihm lästig zu sein. Deshalb habe ich mich nie getraut, vor ihm zu weinen oder zu lachen, mit den Schuhen zu schlürfen oder ihm sonst irgendwie strapazierend aufzufallen. Vielleicht spielte ich deshalb so gerne Theater? Da durfte ich laut sein, auffallen und bekam Aufmerksamkeit. Wenn er mich wahrnahm, war seine Resonanz selten freundlich, weshalb ich ihm lieber gar nicht auffallen wollte.

Mit 11 Jahren habe ich ihn zum ersten Mal richtig geärgert. Ich bin zum Zaubergeiger ausgerissen. Wochenlang hat er kein Wort mit mir geredet. Dabei wollte ich doch nur diesen süßen Jungen mit den braunen Locken aus der Vorweihnachtsserie »Oliver Maas« im ZDF kennenlernen. Wie alle Mädchen, die diese Serie gesehen haben, war ich über beide Ohren verknallt in ihn.

Ich wollte wirklich nicht, dass meine Eltern sich Sorgen machten! Aber ich wusste, dass sie mich nicht gehen lassen würden. Also habe ich den kleinen Ausflug heimlich geplant. Zusammen mit meiner damaligen besten Freundin, die ich zu diesem Manöver überreden musste, habe ich alles geplant. Ich hatte Spaß dabei und war komplett angstfrei, als ich mein Knax-Sparbuch plünderte und mit dem Geld Bus- und Zugtickets kaufte. Wir hatten Winterferien und sind morgens los, als meine Eltern bei der Arbeit waren. Auf ging's nach Bayern. Als wir vier Stunden später in dem kleinen Kaff in der tiefsten Provinz ankamen, suchten wir erstmal eine Übernachtungsmöglichkeit und wurden auch schnell fündig. Die Besitzerin einer kleinen Frühstückspension nahm uns auf – so dachten wir. Diese Hexe hat uns natürlich verpfiffen und so kamen beim Abendbrot zwei nette Polizisten zur Tür rein und nahmen uns mit. Menno! Die beiden waren aber echt super lieb und haben uns doch tatsächlich noch zum Zaubergeiger gefahren. Der Lump war aber im Ski-Urlaub. Es sollte nicht sein. Wir sind dem Zaubergeiger leider nicht persönlich begegnet. Zur Strafe haben die beiden Polizisten uns dann in ein von Nonnen geleitetes Heim für schwererziehbare Mädchen gebracht. Anweisung meines Vaters! Wir sollten dort ausharren, bis meine Eltern uns zwei Tage später abholten. Jaaaa, Strafe muss sein!

Er hatte oft die Hand gegen mich erhoben, aber nur als Drohgebärde. Dazu hat er immer gezahnt[13]. Mann, hatte ich Angst vor ihm! Nur zweimal klatschte seine Hand dann wirklich in mein Gesicht. Das eine Mal hat er sich dabei den Mittelfinger gebrochen, weil ich im Bett saß, welches unter der Dachschräge stand. Tja, wenn man sich nicht beherrschen kann... Was er wohl im Krankenhaus gesagt hat, wie das passiert ist?

Bei der zweiten und letzten Ohrfeige war ich 21 Jahre alt. Ich hatte beim Duschen das warme Wasser aufgebraucht und als Monsieur vom Motocross-Rennen zurückkam, war keins mehr da. Zumindest musste er warten, bis der Boiler wieder erhitzt war. Für ihn war das ein Grund, aus der Haut zu fahren. Aber zum Glück war ich inzwischen erwachsen und zog dann zwei Wochen später mit meinem Marc in die erste gemeinsame Wohnung.

Mit teuren Hobbys wollte er den »Dicke-Hose-Status« unterstreichen. Unter Wasser, über den Wolken oder auf der Straße, mein Papa hatte Tauch-, Flug- und Motorradschein am Start. Das alles konnte er sich nur leisten, weil meine Mama immer gearbeitet hatte. Sie gönnte sich leider nie etwas. Mir fiel es auch immer schwer, Geld für mich auszugeben. Ich fragte mich sofort, ob ich das auch verdient hatte. Sofort stieg das schlechte Gewissen in mir hoch. Vielleicht hatte ich mir das von meiner Mama abgeschaut und dachte, das muss so sein?

Geld war für meinen Vater immer ein Mittel, das er mir gegenüber statt seiner Gefühle eingesetzt hat. Geld statt

---

13 *Die Kiefer aufeinander gepresst*

Liebe. Er hat sich freigekauft und prahlte auch noch damit. Immer, wenn er mir etwas gekauft hat, musste das jeder erfahren und ich mir monatelang anhören. Als hätte er mir zu Liebe ein riesiges Opfer gebracht. Wenn ich mich nicht 54 x bedankt habe, war er beleidigt. Er wollte immer der Größte sein, bewundert und begehrt werden. Bei manchen hat er diesen Eindruck tatsächlich hinterlassen. Die Wahrheit kommt immer irgendwann ans Licht, auch die, die tief im Dunkeln liegt.

Sein letzter Abend war ein kalter Wintertag ohne Schnee. Auf dem Weg vom Parkhaus zur Klinik legte sich die Luft ungemütlich nass und schwer auf meine Schultern. Die Luft im Krankenhauszimmer war trocken und warm. Es roch nach Desinfektionsmittel und schlechtem Atem. Wie jeden Tag nach der Arbeit saß ich an seinem Krankenbett. Auch wenn er nie für mich da war, wollte ich es für ihn sein. Ich wollte nicht sein wie er und außerdem war er halt mein Papa. Ich wusste, dass er mir nie absichtlich wehtun wollte, sich seiner verpassten Chancen und Fehler bewusst war und ein schlechtes Gewissen hatte. Durch meine Besuche wollte ich ihm zeigen, dass ich ihm verziehen hatte und hoffte, ihm den Abschied damit zu erleichtern. Ich sah ihn an und erinnerte mich an die schönen Momente mit ihm. Es waren nicht viele von früher, aber in den letzten Wochen konnte ich bei meinen Besuchen noch einige sammeln. Spontan fiel mir eine lustige Anekdote ein: »Papa, weißt du noch, dass ich als Kind geübt habe, im Stehen zu pinkeln? Ich wollte das unbedingt so können, wie du«. Er reagierte nicht. »Mama fand das allerdings gar nicht gut, weil ich natürlich nicht so gut getroffen habe«, witzelte ich weiter. Keine Reaktion. Ich akzeptierte, dass er an diesem Abend nicht aufgemuntert werden wollte.

Weil ich mit ihm keine Stille aushalten konnte, beschloss ich, ihm aus »Winnetou« vorzulesen. Er war ein großer Fan und das war das einzige Buch, das er kannte. Das wollte er aber auch nicht. Abweisend fegte er seine Hand über die Bettdecke und sah mich giftig aus seinen kleinen Augen an: »Ich bin ein Mann, der sterben muss«, lallte er, drehte den Kopf wieder weg und sah zum Fenster.

Er konnte schon seit ein paar Wochen wegen der starken Schmerzmittel nicht mehr richtig reden. Dieser Satz war jedoch sehr deutlich zu hören. Ich verstand ihn. Der arme Mann kämpfte sein Leben lang um Anerkennung, deshalb wollte ich ihm das letzte bisschen Würde lassen. Er wollte eindeutig, dass ich gehe. Daheim angekommen, klingelte das Telefon und die Stimme seiner neuen Frau übermittelte mir den Grund seiner Abweisung. So einsam wie er sich zeitlebens gefühlt haben muss, so alleine wollte er aus diesem Leben gehen.

Seit ich denken kann, habe ich ihn vermisst und trauerte um unsere vernachlässigte Beziehung. Jetzt musste ich nicht mehr trauern. Was er suchte, hat er sein Leben lang nicht gefunden. Ist es nicht schlimm, wenn man auf der Suche nach Nähe ist und dabei so viel Angst davor hat? Das tat mir sehr leid. Er tat mir leid. Ich bin mir sicher, dass er zum Schluss alles wusste. Obwohl er vom Morphium benebelt war, war er klar im Kopf und wusste, dass er nicht nur meine Mama und mich im Stich gelassen hatte, sondern vor allem sich selbst.

Obwohl er ein großer Rolling-Stones-Fan war, hatte ich »The Last Unicorn« von America für seine Beerdigung ausgesucht. Ich fand, das passte, weil er für mich auch der letzte seiner Art war. Zumindest hatte ich mir vorgenommen, dass ich nie wieder den Umgang mit einem Menschen pflege, der meine Liebe nicht annehmen kann.

Dankbar für die Zeit, die ich vor seinem Tod noch mit ihm verbringen durfte, konnte ich ihn ohne Groll gehen lassen.

Vergebung ist ein anderes Wort für Freiheit.
(Unbekannt)

Schuld sind nur die Schmetterlinge

Nun war ich also Waise. Aber auch Studentin, nur leider von der uncoolen Sorte: Schon 40 Jahre alt, mit heftig pubertierenden Jungs, einem Vollzeitjob und einem Studium von zu Hause aus. Aber: Ans Ziel kommt schließlich nur, wer eins hat! Ich erzählte nur wenigen Leuten von meinem Studium, aus Sorge, ich würde es nicht durchziehen. Es war echt mega anstrengend! Das Lernen fiel mir schwer und ich hatte einen super hohen Anspruch an mich. Das Studium bestand aus 12 Themengebieten, die man innerhalb der vorgegebenen 15 Monaten durcharbeiten sollte. Jeden Abend nach der Arbeit zog ich mir den Stoff rein. Natürlich, nachdem der Haushalt erledigt war. Ich bin ja ein braves Mädchen.

Am Ende jedes Themengebietes musste man eine Abschlussarbeit einsenden, die benotet wurde. Meine schlechteste Note war eine 1,7. Ich war am Boden zerstört! Zum Schluss musste ich eine Projektarbeit abgeben. Die hatte ich sehr umfangreich zusammengestellt. Sie handelte vom Aufbau und der Organisation meines Hobby-Theaterprojekts. Ich entdeckte, dass ich intuitiv alles richtig gemacht hatte. Danach absolvierte ich bei einem dreitägigen Präsenzseminar eine mündliche Abschlussprüfung in Hannover.

Ich habe das Studium mit 1,0 abgeschlossen und bin seither IHK-geprüfte Eventmanagerin. Ich hatte meinen Traum verwirklicht und es tatsächlich durchgezogen. Das war ein tolles Gefühl. Voll toll! Selbst der Kommentar von einer Bekannten: »Echt? Man kann Party-Organisation studieren?«, konnte mir die Freude nicht verderben.

Jetzt musste ich das nur noch meinem Chef zeigen und ihn davon überzeugen, dass er mir andere Aufgaben anvertraute, als nur die langweiligen Präsidiumssitzungen und Klausurtagungen vorzubereiten.

»Also Frau Wälde, jetzt bin i baff.« stellte er beeindruckt fest, als ich ihm mein IHK-Zeugnis hinlegte. Sein erstaunter Gesichtsausdruck verriet, dass er mir das nicht zugetraut hatte. Immer noch verblüfft fragte er mich dann: »Aber was hend se sich jetz' vorgstellt, was se mit dera Ausbildung beim Roda Kreitz macha kennat?« Tja, darüber hatte ich natürlich nachgedacht und gehofft, ich könnte mehr innerbetriebliche Events organisieren wie den »Blaulichttag«. Schnell stellte sich heraus, dass die wenigen Events, die das Rote Kreuz veranstaltete, keine Vollzeitstelle ausfüllen würden. Ich hoffte, dass mir unsere Reise nach New York Inspiration schenkt. Mit 16 Jahren waren unsere Jungs alt genug, um mal für neun Tage unter der Aufsicht meines Schwiegervaters alleine daheim zu bleiben. So machten wir uns auf zu unserer ersten gemeinsamen Fernreise.

Die Jungs waren noch recht unselbstständig und wir wollten den Opa nicht zu sehr involvieren. Er sollte nur einmal am Tag nach dem Rechten sehen. Das gestaltete die Vorbereitungszeit etwas aufwändiger. Die beiden wussten weder, was mit den Klamotten passiert, nachdem man sie auf den Boden vors Bett geworfen hat, oder wie sie wieder sauber zusammengelegt im Schrank landen, noch dass der Gelbe Sack tatsächlich irgendwann sein maximales Fassungsvermögen erreicht hat und man ihn nicht noch voller stopfen kann, man die Heizung nicht einfach volle Pulle laufen lässt, wenn man nicht daheim ist, oder man nur sauberes Geschirr hat, wenn man es in die Spülmaschine packt und sie anschaltet. Nach einem kleinen Haushalts-Einführungs-Kurs haben wir zur Sicherheit für die wichtigsten Tätigkeiten wie für Geschirr- und Wäsche waschen eine Anleitung mit erklärenden Fotos und Tipps erstellt. So wollten wir verhindern, dass sie uns täglich anrufen und fragen: »Hey Mama, wie war das nochmal mit dem Waschmittel? Wie viel muss ich wo einfüllen?« Den Opa konnten sie auch nicht fragen, denn der wusste ebenso wenig, wie Haushaltsdinge funktionieren. Fragen nach dem Staubsauger oder Putzmittel erwarteten wir sowieso nicht.

Als wir in New York die Treppen der U-Bahn an der Penn Station hochstiegen, hatte mich der Anblick dieser spektakulären Hochhäuser fast erschlagen. Das war so atemberaubend, dass mir Tränen in die Augen stiegen. Vielleicht löste sich in dem Moment auch die Anspannung der letzten Monate?

Wir wohnten in einem kleinen Apartment im East Village. Das Apartment war in einem typischen New Yorker Wohnhaus mit einer Außenfeuertreppe, wie man es sich vorstellt oder aus Filmen kennt und das auch noch in einer richtig coolen Gegend im East Village lag. Die Vermieterin bewohnte es selbst und wenn sie es vermietete, zog sie bei einer Freundin ein. Wir fühlten uns wie echte New Yorker.

Es war März und eisig kalt. Das konnte uns aber nicht aufhalten, jeden Tag ein volles Programm durchzuziehen und weit über 20.000 Schritte zu laufen. Wir waren auf dem Empire State Building, auf dem Rockefeller Center, im Central Park, in der Bronx, in Brooklyn, im legendären

Apollo-Theater in Harlem, waren bei gefühlt -15° C im offenen Doppeldecker-Bus durch die Stadt gefahren, über die Brooklyn-Bridge gelaufen und haben Marcs Geburtstag an der Freiheitsstatue gefeiert. Ich glaube, wir haben keine Ecke ausgelassen. Was für eine Stadt! Wir waren beide total geflasht. Der Blick über den Tellerrand machte mich noch neugieriger auf andere Länder und Kulturen. Das Reisefieber hatte mich vollends erwischt.

Nach unserer Rückkehr wusste ich trotzdem nicht, wohin mit mir. New York hat mich auch eher abgelenkt, als dass ich über meine Zukunft nachdenken konnte. Was sollte ich denn jetzt tun? Ich hatte viel Geld und Zeit in das Studium investiert und war trotzdem keinen Schritt weiter und schleppte mich jeden Tag an diesen tristen grauen Schreibtisch, um mich zu langweilen.

Ich fand Trost und Bestätigung bei meinen Kollegen. Vor allem bei einem Kollegen. Er hatte offensichtlich beide Augen auf mich geworfen und das schmeichelte mir sehr. Ich genoss die Aufmerksamkeit, die er mir ungeteilt entgegenbrachte und traf mich immer öfter mit ihm.

Anfangs waren auch andere Kollegen dabei, dann begannen wir uns auch alleine zu treffen. Er war gar nicht mein Typ. Wenn ich überhaupt einen hatte, dann war der eher südländischer Art. Er war ein nicht besonders gut aussehender, moppeliger Glatzkopf, der immer schwitzte und auch noch acht Jahre jünger war als ich. Seine Geheimwaffen waren sein Humor und seine Aufmerksamkeit.

Einen humorvollen Mann hatte ich daheim. Allerdings war der alles andere als aufmerksam und ich in einer unzufriedenen Lebenssituation, in der ich dringend Bestätigung von außen brauchte. Jämmerlich, ich weiß. War ich wie mein Vater? Der Apfel fällt nicht weit vom Stamm. Es kam, wie es kommen musste und ich landete mit ihm im Bett. Es war furchtbar! Direkt danach war es, als wäre ich von einem bösen Zauber befreit worden. Ich konnte mir absolut nicht erklären, wie es so weit kommen konnte. Es schüttelte mich vor Ekel und Scham. Insgeheim dachte immer, mir stände ein Ausrutscher zu. Quasi, um Marcs Seitensprung von damals auszugleichen. Dass es dafür keinen Ausgleich gibt, war mir dann sofort klar.

Es war auch keine Rache. Oder doch? Rache ist bitter! Davon sollte man die Finger lassen. Egal, was mich dazu getrieben hat, es war nicht gut und ich schämte mich, wie noch nie in meinem Leben zuvor. Ich musste es Marc beichten, das war ich ihm schuldig. Ihm dabei in seine Augen schauen konnte ich dann aber nicht. Als er auf einer Geschäftsreise war, sammelte ich nach einer Flasche Wein meinen ganzen Mut zusammen und griff zum Telefon. Ich wählte Marcs Nummer, atmete tief durch und räusperte mich. Es klingelte. Meine Hände zitterten. »Hi Schatzi«, meldete er sich mit zärtlicher Stimme. Oh nein! Ich wollte nicht, dass wir uns wieder voneinander distanzieren. Jetzt, nachdem wir endlich wieder zueinander gefunden haben. Wir haben uns versprochen, über alles zu reden und deshalb musste ich da jetzt durch. »Ich muss dir was sagen.« Ruhig und geduldig hörte er sich alles an und bedankte sich dafür, dass ich so offen zu ihm war. Typisch Marc.

Er meinte auch, dass er das erstmal sacken lassen müsse und wir darüber sprechen, wenn er wieder zurück sei. Puh, das ist ja nochmal gut gegangen, dachte ich. Gut, dass ich so einen toleranten Mann hatte, den nichts aus der Bahn werfen konnte. Wenn der Partner so autonom ist, ist das in so einem Fall gut für die Beziehung. Ich war froh, dass er es so gut aufgenommen hatte. Es fühlte sich an, als hätte ich einen schweren Rucksack von meinen Schultern gestreift. Voll mit neuer Energie nahm ich mir vor, das Kapitel *Seitensprünge* endlich abzuschließen und war sicher, dass wir das wieder hinkriegen würden. Zwei Tage später kam er zurück und wirkte im Gegensatz zu sonst angespannt und verschwand gleich mit den Worten: »Ich muss dringend noch ein paar Emails schreiben« in seinem Keller-Büro. Das kam mir komisch vor. Sonst setzten wir uns nach seiner Rückkehr an den Esstisch, tranken Kaffee und erzählten uns gegenseitig, was in den vergangenen Tagen alles passiert ist. Ob ihn mein Ausrutscher doch mehr berührte? Die Antwort traf mich prompt, als ich zwei Stunden später an seiner Bürotür klopfte: »Kommst du hoch zum Essen?«, trällerte ich bemüht fröhlich. »Ich will eine Beziehungspause einlegen«, schleuderte er mir entgegen, ohne meine Frage zu beantworten. Das Kinn fiel mir schlagartig herunter.

Lähmende Angst stieg in mir hoch. Hatte ich alles kaputt gemacht? Für so eine miese Erfahrung? Jeder Muskel in mir zog sich zusammen. Ich konnte nichts mehr essen. Tagelang ernährte ich mich ausschließlich von Nikotin, Wein, Tee und Wasser. Es schien ihm egal zu sein, wie sehr ich litt. Er redete das Nötigste mit mir, ich verbrachte die Nächte schlaflos auf dem Sofa und er war die meiste Zeit in seinem Keller-Büro. Aber was erwartete ich? Schließlich befanden wir uns in einer Beziehungspause. Aus der hilflosen Angst wurde Wut. Warum durfte er fremd gehen und ich nicht? Ich hatte ihm doch damals auch verziehen. Und das, obwohl es bei ihm nicht nur eine betrogene Nacht war. Ich steigerte mich völlig rein. Mit der Wut kam ich irgendwie besser klar. Außer mir und völlig davon überzeugt, im Recht zu sein, saß ich bei meinen Freuden O-Schatzi und Owen: »Was glaubt er denn, wer er ist? Mich einfach so zu ignorieren. Und dass er damals monatelang eine andere hatte, das spielt jetzt keine Rolle mehr.« Ich konnte gar nicht aufhören. Bis Owen mich wirsch unterbrach: »Ach Tinsche, du hast dem Mann sein Zuhause genommen. Ist dir das eigentlich klar?« Seine Worte ließen mich innehalten: »Wie meinst du das?« »So, wie ich es gesagt habe. Du musst ihm jetzt Zeit geben und ihm zeigen, dass du für ihn da bist. Anders kannst du sein Vertrauen nicht zurückgewinnen.« Die darauffolgenden Tage setzte ich Owens Rat um und versuchte mich in Marcs Lage zu versetzen. Das half mir dabei, zu hoffen, dass unsere Liebe einen Weg finden wird, das verletzte Vertrauen wieder aufzubauen.

Heiligabend wollten wir, den Jungs zu Liebe, wie gewohnt feiern: harmonisch und friedlich. Wir sehnten uns nach Normalität. Ich legte mich ins Zeug und zog ein sexy Kleid an, in das ich noch nie so richtig reingepasst hatte. Es setzte meine übrig gebliebenen Kurven perfekt in Szene. Die Nikotin-Wein-Wasser-Tee-Diät ist sicherlich die weltweit ungesündeste, schmälerte aber meine Taille. Ich dekorierte mich und den Esstisch mit allen Mitteln, die mir zur Verfügung standen. Ich wollte ihn zum Staunen bringen.

Das Kleid und sicherlich die vorangegangene Beziehungspause mit einhergehender Abstinenz zeigte Wirkung. Als die Jungs im Bett waren, landeten wir gemeinsam auf dem Sofa und verbrachten die Nacht eng umschlungen.

Am nächsten Tag konzentrierten wir uns weiterhin erstmal auf die körperliche Wiedervereinigung. Ich hatte Angst vor einem Gespräch. Vielleicht war das Trennungssex und keine Versöhnung? Einen Tag später wollte Marc dann aber doch reden. Wir gingen Spazieren. Es lag Schnee und ich schob mein Zittern auf die Kälte. Die Angst vor einer endgültigen Trennung zerriss mich fast innerlich. Meine Zähne klapperten laut aneinander, während Marc mich an seinen unkonkreten Gedankengängen teilhaben ließ. Es kam mir vor wie eine Ewigkeit, ich hielt die Spannung kaum aus und musste mich beherrschen, ihn nicht anzuschreien: »Jetzt sag' endlich, ob du bei mir bleiben willst, oder nicht!« Aber das musste ich jetzt aushalten, wenn ich ihn zurückgewinnen wollte. Er dachte laut nach: »Vielleicht bin ich einfach nicht der Richtige für dich. Was du suchst, kann ich dir offenbar nicht bieten«. Ich beteuerte, dass ich endlich begriffen hatte, dass ich mir das nur selber bieten kann. Ich glaube, das war der Satz, den er hören wollte. Wir waren uns einig, dass unsere Beziehung nur funktionieren kann, wenn wir ganz von vorne anfangen, unser gegenseitiges Vertrauen wieder aufzubauen. Erleichtert fiel ich in seine warmen Arme und hörte schlagartig auf zu zittern.

Wie oft muss man sich trennen, um zusammenzufinden?

Um glücklich zu sein, muss man zwei Dinge eliminieren: die Furcht vor einer schlechten Zukunft und die Erinnerung an eine schlechte Vergangenheit.
(Unbekannt)

Kleine Söhne, kleine Sorgen, große Söhne...

Was ich nicht leiden kann? Unangekündigte Besuche! Ich habe eine blöde Angewohnheit. Wenn ich nachdenklich bin, quetsche ich die Mitesser in meinem Gesicht aus. Meine Haut ist empfindlich und ich sehe anschließend aus, als hätte man mir ein Bügeleisen aufs Gesicht gedrückt. Ausgerechnet dann kommt aber immer jemand – klar. Als ich eines Tages wieder mit knallrotem Gesicht daheim war, klingelte es an der Haustür. Es waren meine Schwiegereltern. Sie kamen oft ohne Ankündigung vorbei. Ich dachte, sie gehen bestimmt irgendwann. Aber da hatte ich mich geirrt. Natürlich war niemand außer mir daheim, die Tür blieb ihnen also verschlossen. Da ich mich zu dem Zeitpunkt unten in der Küche befand und im Treppenhaus ein großes Fenster war, konnte ich auch nicht unbemerkt meinen Standort wechseln. Ich konnte auch nicht ins Wohnzimmer, da man von der Straße aus direkt hereinschauen konnte. So duckte ich mich hinter der Kochinsel und hoffte, dass sie bald abziehen würden. Ich hatte nicht daran gedacht, dass man durch den Garten direkt auf die Terrasse hinter der Küche kommt, als mich ein Klopfen hinter mir aus meinen Gedanken riss. Da standen sie und starrten mich sehr erstaunt an, wie ich da so hinter der Kochinsel hockte. Dieses Gefühl, wenn du weißt, dass du eindeutig erwischt wurdest, schoss durch meinen Körper. Das ist wie eine Läster-E-Mail versehentlich an den zu schicken, über den gelästert wurde.

Und auch, wenn das gar nicht möglich war, aber mein Gesicht wurde noch roter und ich habe wahrscheinlich noch nie so deppert aus der Wäsche geguckt. Was soll ich sagen, es ist mir in dem Moment keine passende Erklärung eingefallen und so tat ich, als wäre es ganz normal, sich mit erdbeerrotem Gesicht vor ungewolltem Besuch zu verstecken. Zum Glück sprechen meine Schwiegereltern nicht gerne über Probleme bzw. Unklarheiten – zumindest nicht mit den betroffenen Leuten – deshalb ging diese Situation noch ganz glimpflich aus.

Das sollte nicht das einzige Erlebnis dieses Tages bleiben. So schön das Wetter am Vormittag war, als meine Schwiegereltern auftauchten, umso regnerischer wurde es am Nachmittag. Typisch Herbst, nass, frisch, nebelig. Nino war gerade seit einem Monat 18 und durfte alleine Auto fahren.

»Tschüss Mama, Papa. Ich fahre ins Fitnessstudio. Bis später.« Marc und ich saßen eingekuschelt auf dem Sofa. Ich hatte ihm den Vorfall mit seinen Eltern ganz anders geschildert und ich war sicher, sie würden es ebenso handhaben. Das Kaminfeuer flackerte und wir guckten einen Film, als mein Handy klingelte: »Mama, ich hatte einen Unfall. Ich steh' hier auf der Schnellstraße in der Kurve am Parkplatz vor dem Fußballplatz.«

Von null auf hundert stand ich da und hatte schon einen Stiefel an, als Marc mich fragend aus schlaftrunkenen Sehschlitzen ansah: »Was ist denn los?« Atemlos, aber konzentriert, gab ich zurück: »Nino hatte einen Unfall. Los!« Auf der kurzen Fahrt zum Unfallort versuchte ich mich mit der Tatsache zu beruhigen, dass Nino persönlich angerufen hatte. Also konnte es ihm nicht so schlecht gehen. Kurz vor der Unfallstelle staute es sich. Wir mussten die

Ausfahrt zum oberhalb gelegenen Parkplatz rausfahren und zu Fuß ein paar Meter zur Unfallstelle laufen.

Niemals werde ich diesen katastrophalen Anblick vergessen! Der neue Twingo stand in entgegengesetzter Fahrtrichtung komplett zerdrückt auf der linken Fahrspur. Alle Airbags waren ausgelöst und das Auto war als solches kaum noch zu erkennen. Unser Sohn lehnte rauchend an der Leitplanke und unterhielt sich mit den Rettungsassistenten, die kurz vor uns eingetroffen sein mussten. Die Polizei hatte die Unfallstelle abgeriegelt. Wir rannten zu Nino und er sah uns nur leer aus kreidebleichem Gesicht an. Erleichtert, ihn lebend und außerhalb dieses komplett zerstörten Autos zu sehen, befeuerte ich ihn mit Fragen: »Was ist passiert? Geht's dir gut? Bist du verletzt?« Er reagierte kaum. »Das ist der Schock«, erklärte mir mein Kollege vom DRK. Er lächelte mir zu und witzelte: »Ich dachte, wir gehen mal was trinken. Das wäre doch schöner gewesen, als uns so wiederzusehen.« Weil Nino unter Schock stand und nicht reagierte, fragte ich ihn: »Hat er sonst irgendwelche Verletzungen?«

»Schlimme Verletzungen können wir aufgrund seines Bewusstseins ausschließen. Zur Sicherheit nehmen wir ihn aber mit in die Klinik. Weil der Airbag ausgelöst wurde, müssen wir auf jeden Fall innere Verletzungen ausschließen.« Mit nicht mehr als einer Thorax-Prellung und einem ordentlichen Schock konnte Nino die Klinik nach drei Tagen verlassen. Das Auto hatte einen Totalschaden, aber den nahmen wir dankbar in Kauf.

Tausend Gedanken tobten in meinem Kopf. Ganz vorne dabei war, dass man sich nicht oft genug sagt, dass man sich lieb hat. Man sagt: »Tschüss, bis später.« Manchmal sagt man noch: »Viel Spaß«, mehr aber dann nicht.

Vielleicht auch, weil mehr zu lang wäre? Warum also nicht abkürzen?

Bis später, viel Spaß. Ich hab' dich lieb!
= Später, Spaß, lieb!
(Tina Wälde)

Liebe lieber ungefährlich

Ich bin relativ einfach zu unterhalten, aber schwer zu begeistern. Doch wenn meine Flamme entzündet ist, dann brenne ich lichterloh! Meine Suche nach einem Job als Eventmanagerin führte mich in ein renommiertes Theater. Ein Traum wurde wahr! Das Vorstellungsgespräch lief super und mein neuer Chef und ich waren uns gleich einig, dass wir aufeinander gewartet haben. Wir hatten uns sofort ineinander verliebt! Auf dem Weg nach Hause wusste ich, dass sie mich nehmen würden und freute mich schon mal im Voraus. In einer Lautstärke, dass fast die Boxen platzten, hörte ich »Can't Stop The Feeling« von Justin Timberlake.

Begeistert berichtete ich meiner Familie und Freunden von dem tollen Vorstellungsgespräch. Berauscht vor Freude schwärmte ich von den vielseitigen Aufgaben, die der Job bot. Ein paar Leute in meinem Umfeld waren zögerlicher: »Tina, bist du sicher, dass dir das auf Dauer nicht zu viel wird mit der Fahrerei? Das sind über 50 Kilometer, einfache Strecke! Und dann noch morgens auf der Bundesstraße im Stau stehen und an Wochenenden und Feiertagen arbeiten…« Ich kann es nicht leiden, wenn ich Feuer gefangen habe und um mich herum Begeisterungsbremser sind. Nichts und niemand konnte mich davon abbringen, die Stelle anzunehmen. Sie wollten mich und ich konnte mein Glück kaum fassen.

Von der Künstlerbetreuung und Galaorganisation bis hin zur Abendleitung hatte ich eine Menge zu tun. Ich war auch verantwortlich für das Foyer-Team inklusive Erstellung der Dienstpläne und zuständig für die Künstlerwohnungen. Das hat mir gefallen! Es war alles genauso, wie ich es mir immer gewünscht hatte. Das war also mein erster richtig guter Job.

Ganz besonders hatte es mir diese glanzvolle Stimmung kurz vor dem Einlass angetan. Alles strahlte fein herausgeputzt im glamourösen Licht. Und obwohl die Shows immer drei Monate lang von Dienstag bis Sonntag liefen, war jeder Abend einzigartig. Die Gäste kamen dann, geschniegelt in Abendgarderobe und in vorfreudiger Laune, den Abend zu genießen und vom Alltag für ein paar Stunden abzuschalten. In der Luft hing eine Duftmischung aus Aperol-Spritz, Käse-Häppchen mit Weintrauben, diversen übertrieben aufgetragenen Parfums und Nebelmaschine. Herrlich!

Der Arbeitsweg war allerdings ganz schön weit. Eine Stunde hin und eine Stunde zurück. Aber für den Traumjob nimmt man das gerne in Kauf. Ich nahm mir vor, unterwegs Podcasts und Hörbücher zu hören, um die Zeit hochwertig zu füllen. Die Arbeit machte mir wirklich mega viel Spaß. Die Künstler waren alle so sympathisch und interessant. Ich sammelte Küsschen von der ein oder anderen Berühmtheit. Natürlich tat ich bei Begegnungen mit ihnen immer so, als wäre es nichts Besonderes. Schließlich ist der Bereich um die Bühne herum mein Arbeitsplatz. Je nach Star flatterte alles in und an mir. Ich war alles andere als cool. Nur mit großer Körperbeherrschung konnte ich verhindern, dass Giuseppe Mozzarella, dieser berühmte italienische Supersänger, meine zitternden Lippen bemerkte. Mit den Worten »Ciao Tina, schön, dich kennenzulernen, mua, mua« küsste er mich auf die Wangen. Er war einer der heutzutage berühmtesten deutschen Sänger und für zwei

Abende mit seinem Männer-Trio im Theater. Da ich für die Veranstaltungen und die Betreuung der Künstler zuständig war, musste – nein durfte – ich den Ablauf mit den drei wahnsinnig gutaussehenden, charmanten und absolut sympathischen Männern durchgehen und ihnen die Künstlerwohnung zeigen.

Es war nicht nur mein Herz, das an diesen Abenden dahin schmolz wie Vanilleeis an einem heißen Tag, denn singen konnten die Drei auch noch. Im Anschluss an die Veranstaltung gab es dann noch eine Autogrammstunde im Foyer. Mit Schwitzearmen bis zur Hüfte, konnte ich ihnen die wild gewordene Frauenhorde kaum vom Hals zu halten. Sie wollten natürlich alle Fotos mit diesen hinreißenden Jungs machen und drängten sich an mir vorbei, um an sie heranzukommen. Das Getümmel war stärker als ich. Die Damen hatten ihr Ziel fest anvisiert und ließen sich von mir nicht abhalten. Sie stürmten auf die drei Männer zu, rissen und zerrten an ihnen, drückten ihnen dicke Schmatzer auf die Wangen und ließen sie kaum aus ihrer Umarmung frei. Die drei Männer lächelten leicht ängstlich und ließen die erzwungene Tuchfühlung tapfer über sich ergehen. Je nach Alkoholpegel rieben sie sich an ihnen und wollten das Autogramm nicht auf die dafür vorgesehene Karte, sondern lieber auf intimere Stellen haben. Bei allem Verständnis Ladys, aber das war unfassbar peinlich. Und amüsant.

Abende wie diese häuften sich und weil ich mich in meinem Job ziemlich gut anstellte, fand ich mich immer öfter in den Abenddiensten wieder. Weil ich es aber so liebte, fiel mir lange nicht auf, dass es meine ganze Energie in Anspruch nahm. Vor allem nachts nach der Vorstellung, wenn ich müde war, noch eine Stunde nach Hause zu fahren. In der kalten Jahreszeit, wenn die Bundesstraße oft in dicken Nebel gehüllt war, war die Fahrt besonders anstrengend. Auf keinen Fall wollte ich zugeben, dass jemand mit dem Einwand »Die Fahrerei wird dir bestimmt irgendwann zu viel« recht hatte. Ich wusste, dass ich eine Lösung finden würde.

Und ich fand sie. Über Gerti, die Zirkusdirektorin, tat sich eine Möglichkeit auf, nach langen Abenddiensten in der Nähe des Theaters zu übernachten. Ich nannte sie so, weil sie mir mit ihrem weißen Haar, dem strengen Blick und den rot geschminkten Knitterlippen wie eine Zirkusdirektorin erschien. Ich sah sie automatisch immer in einem roten Frack, mit Zylinder und einer Peitsche in der Hand vor mir. Sie war eine von zwei Geschäftsführern im Theater. Tillmann war eigentlich der Hauptchef, in Wirklichkeit zog aber Gerti die Fäden im Hintergrund. Sie hatte nicht wirklich irgendwas Operatives im Büro zu tun, war aber trotzdem jeden Tag da, um neben Tillmann oder mir zu sitzen und ihr uraltes Theater-Wissen zu verteilen. Routinemäßig riss sie einen immer raus, wenn man gerade gedanklich in der Formulierung einer E-Mail steckte oder sich sonst irgendwie konzentrieren sollte. Zwischendurch fuhr sie jemanden an, der nicht so spurte, mischte sich überall ein, ging rauchen und traf sich in der Mittagspause mit anderen Zirkusdirektoren, um sich mit ihnen über den Theateralltag und dessen Herausforderungen auszutauschen.

Jedenfalls kannte die Zirkusdirektorin eine Frau, die in der Nähe des Theaters wohnte und ein Zimmer frei hatte. Meine Mitbewohnerin war eine supernette und witzige Person, mit der ich mich prima verstand. Wenn ich abends nicht so spät von der Arbeit kam und sie da und noch wach war, gönnten wir uns noch ein gutes Gespräch mit ein, zwei, drei Gläsern Wein und der ein oder anderen Zigarette.

Von Montag bis Freitag wohnte ich also nicht zu Hause. Das war so geschickt, weil ich dann am nächsten Tag trotzdem wieder früh auf der Matte stehen konnte. Die Büroarbeit musste ja schließlich auch erledigt werden. Außerdem die Wäsche der Künstlerwohnungen gewaschen, das Foyer aufgeräumt, die Künstler betreut, Botengänge erledigt, Dienstpläne für das Foyer-Personal geschrieben und Galas organisiert werden. Ja, eine Allrounderin findet immer etwas zu tun. Ganz praktisch, wenn man einfach für alles zuständig ist, muss man nicht viel nachdenken, was man zu tun hat.

Es hat mir nie viel ausgemacht, das Mädchen für alles zu sein, oder auch Aufgaben zu erledigen, die mit Eventmanagement wenig zu tun haben. Im Gegenteil, die Vielseitigkeit meines Jobs hat mir immer total gefallen. Ich wollte nicht mehr acht Stunden an einem Schreibtisch sitzen, nur damit da jemand sitzt. Die Wochen flogen dahin. Abgesehen davon, dass ich meine Familie wahnsinnig vermisste, warteten alle privaten Aufgaben am Wochenende auf mich. Ich hatte keine Zeit mehr für meine Freunde, meine Theatergruppe, Sport oder meine Hobbys – niemand gefiel das, am wenigsten meinem eigenen Körper.

Endlich hatte ich meinen Traumjob! Muss man nicht für seinen Traum Opfer bringen?

*Die Definition von Wahnsinn ist,
immer das Gleiche zu tun und
andere Ergebnisse zu erwarten*
(Albert Einstein)

Der letzte Akt – Wer war der Mörder?

Ich mochte meine Hobby-Theatergruppe nicht. Ich liebte sie! Zu unserem 5-jährigen Bestehen habe ich ihnen sogar zusammen mit Owen und Marc auf »You Shook Me All Night Long« von AC/DC ein Video mit eigenem Text gedreht und selbst gesungen, obwohl ich das nicht kann.

Und wie jede große Liebesgeschichte musste auch diese dramatisch enden. Meine Arbeit im Theater nahm mich so sehr ein, dass ich beim sechsten MordsCrew-Stück nicht mehr mitgespielt habe. Es war ein einmaliger Auftritt. Premiere und Dernière zugleich, und zwar im Theater. Das erste Mal, auf einer großen Bühne.

Mein Chef Tillmann wollte erst nicht, aber ich versicherte ihm, dass das großartig ankommt und er ließ sich schließlich darauf ein. Natürlich betonte er täglich seine Bauchschmerzen, die ihm der Auftritt bereitete.

Die Hütte war voll. Wir hatten inzwischen so viele Fans, dass sie den weiten Weg und den mehr als doppelten Preis in Kauf genommen haben, um das neue Stück auf einer richtigen Bühne zu sehen. Schon nach den ersten fünf Minuten spürte ich, dass es nicht lief. Die Gruppe fand nicht ins Spiel. Sie schien zu beeindruckt von dieser riesigen Bühne. Durch den großen Abstand zum Publikum kam keine Resonanz auf der Theaterbühne an. Ich konnte spüren, dass das die Schauspieler verunsicherte. Bestimmt, weil sie das nicht gewohnt waren. In dem Landgasthof, wo wir sonst immer auftraten, spielten wir mitten im Publikum und bekamen jedes Lachen und Staunen, jede winzige Reaktion der Leute mit. Ich saß hinter der Bühne und knetete nervös meine Finger. Verzweifelt sprach ich den Text mit, in der Hoffnung, das würde ihnen helfen. Ich beobachtete Szene nach Szene und fühlte mich komplett ohnmächtig.

Ich bin mir nicht sicher, ob das unsere Fans auch so empfunden haben. Es ist ja schwierig, kompetentes Feedback zu erhalten. Zwei fremde Gäste sind nach dem 1. Akt gegangen und schrieben eine empörte Bewertung an das Theater. Wie laienhaft das Theaterstück gewesen sei und wie schlecht die Schauspieler und sowas für den Preis und so weiter. Das musste ich mir natürlich von Tillmann reinziehen, der die beiden Gäste mit Engelszungen belabert und mit Freikarten bestochen hat, dass sie die miserable Bewertung zurücknehmen. Das hat zwar geklappt, aber ich schämte mich zutiefst. Nicht dem Theater gegenüber, sondern meiner MordsCrew gegenüber. Wie bin ich auf die Idee gekommen, einen Auftritt auf einer so großen Bühne zu organisieren? Wie konnte ich ihnen das antun? War ich größenwahnsinnig geworden? Die Gruppe selber hat das gar nicht so schlimm empfunden. Sie fanden es gut, mal die Chance bekommen zu haben, auf einer großen Bühne aufzutreten. Gut, von der schlechten Kritik und dem darauffolgenden Drama, das mein Chef veranstaltete, habe ich ihnen gar nichts erzählt. Ich fand, dass ich das alleine ausbaden muss, da es ja auch meine Idee war.

Danach war irgendwie Schluss für mich. Ich war so ausgepowert, meine Akkus waren leer. Ich wusste nicht, wo ich anfangen sollte, aufzuhören. Ich wusste nur, dass ich zu viele Bälle in der Luft hatte, von denen ich immer weniger auffangen konnte. Außerdem war die Stimmung in der Gruppe verändert. Wir hatten uns im Laufe der Jahre verändert. Die Interessen der Mitmörder dehnten sich immer mehr auf andere Dinge aus. Probentermine wurden vergessen oder abgesagt oder konnten erst gar nicht gefunden werden. Wir kamen kaum noch privat zusammen und konnten immer seltener zusammen lachen. Ich hatte dadurch das Gefühl, alleine für den Zusammenhalt zuständig zu sein und fand keinen Weg mehr, ihre Zuneigung zu bekommen. Marc war der Meinung, ich solle endlich von dem toten Gaul absteigen und nicht versuchen, eine Beziehung aufrechtzuerhalten, die es schon lange nicht mehr gibt. Das tat weh! Aber er hatte recht. Es war an der Zeit, Abschied zu nehmen. Wie von einem ausgedienten BH, der nicht mehr hält und ein Loch hat, aus dem immer der Bügel rauskommt und dich in die Achselhöhle pikst.

Erst wollte ich nur die Leitung der Gruppe abgeben und bot ich ihnen an, ohne mich weiterzumachen. Das wollten sie aber nicht. Klar, es ist viel Arbeit und außerdem mein »Baby«. Ich hatte das eher aus schlechtem Gewissen angeboten und weil ich nicht schuld sein wollte, wenn es nicht weitergeht. Aber wie das eben so ist mit dem Chefsein. Wer die Bestimmerin ist, muss auch Entscheidungen treffen und Verantwortung übernehmen. Ich konnte einfach nicht mehr. Ich hatte wirklich keine Kapazität für die diversen Befindlichkeiten einiger Mitmörder. So tat ich es. Ich war's. Ich habe die MordsCrew sterben lassen.

Manchmal sind wir gezwungen,
Entscheidungen zu treffen, die erstmal
wehtun, aber uns später inneren Frieden geben.
(Unbekannt)

Vom Sepp, der aus dem Fenster fiel

Ohne Vorwarnung begann dieser Tag mit Vorbereitungen für eine Veranstaltung. Meine Motivation war gerade mit meiner guten Laune Kaffee trinken, als die Zirkusdirektorin mal wieder vom Rauchen kam. Ich saß am Schreibtisch und versuchte mich auf das Schreiben einer E-Mail zu konzentrieren, als sie von hinten an mich herantrat, sich auf mich lehnte und mir ihre schlaffen Brüste ins Genick hängen ließ. Kaugummi schmatzend dröhnte ihre rauchige Stimme in mein Ohr: »Tina, dr Wolfgang isch heid ed do. No musch du dui gelbe Säck' no raussbella!«

Diese Kaugeräusche machten mich so agro! Und zwar dermaßen, dass ich ihr den Kaugummi am liebsten ganz tief in ihren welken Schlund gestopft hätte! Das ist tatsächlich eine Krankheit. Misophonie, Hass auf Geräusche, ist eine selektive Geräuschintoleranz und kommt gar nicht selten vor. Bei den Betroffenen wird Wut oder Ekel durch ein bestimmtes Geräusch ausgelöst. Individuelle Erfahrungen, die der oder diejenige mit Frust, Ekel oder Wut in Verbindung bringen, liegen dem zugrunde. Diese tief sitzenden Gefühle werden der Theorie zufolge durch dieses bestimmte Geräusch wieder hervorgerufen. Bei mir sind es Kaugeräusche. Diese noch kombiniert mit Gertis Talent, in hektischen Situationen völlig unpassend mir mega unwichtige zusätzliche Aufgaben auf die Schulter zu legen. Ich war fast am Platzen. Aber das störte sie nicht. Im Gegenteil. Machte es ihr etwa Spaß, ihre Mitarbeiter zum Zeitvertreib zu gängeln?

Es gab eine Ausstellung im Foyer mit Sekt und Häppchen, begleitet von einer kleinen Artisten-Show im Saal.

Ich hatte Dienst, die beiden Chefs waren lediglich repräsentativ anwesend. Es war immerhin die Veranstaltung eines wichtigen Kunden, da konnte man mich nicht alleine lassen. Im Nachhinein war ich froh, dass die beiden da waren.

»Frau Wöldlö, ein kurz Fragö«. Toll, die Nervensäge hatte mir gerade noch gefehlt. Die Chefin der Gastro hatte auch immer sehr wichtige Dinge noch spontan direkt vor dem Beginn des Events mit mir zu klären. Wie immer hatte sie ihre strenge Frisur mit dazu passendem Blick aufgelegt und zog die Augenbrauen hoch: »Isch abe ihnen schon einmal gesagt, dass isch nischt so frü' den Kellner für den Sektempfang schicken kann und jetzt stehen die Gäst' schon in die Foyer.« Dabei ragten mir ihre Schlüsselbeinknochen gefährlich entgegen und ihre Mundfalten konnten nicht vorwurfsvoller nach unten zeigen. Das einzig charmante an dieser Person war ihr französischer Akzent. »Isch weiß, ähm, ich weiß, was sie gesagt haben. Ich habe ihnen aber auch mitgeteilt, wann die Gäste eintreffen und dass sie es möglich machen sollen, dass dann ein Kellner für den Sektempfang bereitsteht. Denn wir arbeiten serviceorientiert und richten uns sehr gerne nach unseren Gästen«, schmetterte ich ihren Angriff ab, drehte auf dem Absatz um und bemühte mich weiter um einen reibungslosen Ablauf.

Kurz nach Veranstaltungsbeginn musste ich ins Büro. Als ich den Raum betrat, fand ich zwei meiner Kollegen am Fenster kleben, sie schauten nach oben auf das Nebengebäude. Ich folgte ihrem Blick und sah einen alten Mann, der rücklings auf dem Fensterbrett saß. Keine 20 Meter entfernt, aber mindestens 15 Meter über dem Boden. Es war offensichtlich ein Bewohner des Altenheims. Er hatte weiße, etwas längere Haare, trug einen braunen Strickpullover, drehte immer wieder seinen Kopf und sah nach unten in den Innenhof. Meine Kollegen rätselten, was der Mann da tat, ob er vielleicht rauchen wollte. Ich hatte sofort ein komisches Gefühl und sagte: »Leute, das sieht nicht gut aus.« Während ich das sagte, hastete ich schon zum Telefon und suchte ich die Nummer des Altenheims raus und rief dort an. Automatische Ansage!

Als der Telefonhörer die Station berührte und ich wieder aus dem Fenster sah, passierten drei Dinge gleichzeitig: Die Bürotür wurde aufgerissen, es huschte ein entsetztes Staunen durch den Raum und der alte Mann fiel in den Innenhof. Wir schlugen uns alle fassungslos die Hände vors Gesicht und sahen uns mit weit aufgerissenen Augen an. Mein Chef war es, der ins Büro kam. Er konnte sich als Erster aus der Schockstarre lösen und rief den Notruf. Reaktionär, wie ich nun mal bin, stieg ich aus dem Bürofenster und rannte die paar Meter rüber, wo der alte Mann bäuchlings auf dem Pflaster lag. Er war groß und schlank, fast mager. Eine Blutlache hatte sich um seinen zur Seite gedrehten Kopf gebildet. Ich wollte ihn umdrehen, begriff aber sofort, dass ich nichts mehr tun konnte. Seine weit aufgerissenen Augen stachen leer aus seinem zertrümmerten Gesicht.

Leicht hysterisch rannte ich in das Altenheim und rief auf dem Flur nach Hilfe. Nach einer gefühlten Ewigkeit, bequemte sich ein Pfleger aus dem Dienstzimmer und wollte genervt wissen, was denn los sei. Panisch berichtete ich ihm, was passiert war. Das ließ ihn dann doch aufhorchen und er folgte mir im Stechschritt in den Innenhof. Auch wenn ich es nicht wahrhaben wollte, aber da lag er immer noch, der alte Unbekannte mit seinem Strickpulli.

Die Polizei kam bald darauf zum Unfallort und wollte alles ganz genau wissen, wie und was passiert war. Schließlich mussten sie Fremdeinwirkung oder Unfall ausschließen.

Ich hätte so gerne gewusst, wer er war. Hatte er eine Frau? Kinder? Freunde? Haustier? Welchen Beruf hatte er? Was war sein Lieblingsessen? Und vor allem: Was um Gottes Willen hatte ihn dazu gebracht, sein Leben auf diese Art zu beenden? Immerhin hätte sein Plan scheitern können oder ist ein Sturz aus der Höhe auf jeden Fall tödlich? Fragen über Fragen, auf die ich nie eine Antwort bekommen werde.

Der Herr von der Notfallseelsorge, der meinen Kollegen und mir am nächsten Tag einen Besuch abstattete, war sehr hilfreich. Er wollte von uns wissen, was uns jetzt nach diesem schrecklichen Erlebnis am meisten beschäftigt. Ich sagte, dass ich gerne wissen würde, wer der Mann war. Er riet mir, mir einfach etwas auszudenken. Es war also Sepp, der aus dem Fenster fiel. Sepp ist sein Leben lang zur See gefahren, war nie verheiratet und hatte keine Kinder. Nur Freunde, die aber alle nicht mehr am Leben waren. Mir war der Gedanke wichtig, dass er niemanden zurückließ. Er hatte ein schönes Leben, war aber dessen nun müde und wollte endlich gehen. So hat er sich an diesem schönen Oktobernachmittag für diesen Abgang bzw. Absturz entschieden. Tschüss, Sepp, ruhe in Frieden!

Manchmal geht man, weil
keiner sagt, dass man bleiben soll
(Unbekannt)

Nicht mein Zirkus, nicht meine Affen[14]

Der Traumjob entwickelte sich immer mehr zu einem Albtraum. Die Luft im Theater wurde nach einem Jahr schon ziemlich dünn. Mal wieder verbrannte ich viel Zeit und Energie in einer Sackgasse. Tillmann sah es nicht. Er badete im Selbstmitleid, weil er so viel arbeiten musste und kaum Zeit für sich und seinen Partner hatte. Wenn eine Show schlecht lief, dann war es besonders schlimm und Geld war auch immer knapp. Sein ständiges Jammern und Betteln bei Gästen und Sponsoren ging mir tierisch auf den Geist. Seine aufopfernde Art hatte etwas Märtyrerhaftes. Darauf reagiere ich total allergisch.

Wenn's gut lief, war es natürlich sein Verdienst. Selbstreflexion war für ihn ein Fremdwort und er hatte überhaupt keinen Weiterentwicklungsdrang. Wenn etwas schieflief, war immer irgendjemand oder irgendetwas schuld. Wenn man Verbesserungsvorschläge äußerte, kam von ihm meistens: »Das haben wir schon mal probiert, hat nicht funktioniert.« Totschlagargument!

Trotzdem verstand ich mich gut mit ihm. Er litt auch unter der Zirkusdirektorin und irgendwie tat er mir leid. Er schien immer zu spüren, wenn ich mich gedanklich weg bewegte vom Theaterjob und lobte mich. Damit hat er mich sehr lange bei der Stange gehalten, weil ich wirklich sehr gerne gelobt werde. Aber funktionieren wir nicht alle so? Tillmann holte sich zum Beispiel etwas Ähnliches von der Zirkusdirektorin ab. Ich denke, es war die mütterliche Fürsorge. Er wollte es ihr recht machen, damit sie

---

14 Song von »Alte Bekannte«

stolz auf ihn sein konnte. Wenn er bleich und gestresst in seiner Ecke am Schreibtisch saß, sagte sie besorgt: »Tillmann, du mach'sch mr Sorga. Tina, no musch du jetzt am Wochaende au d' Abendleitung macha, dass dr Tillmann sich mol ausrua ko.« Klaro macht das d' Tina. Für die Aussicht auf ein bisschen Lob und Anerkennung läuft d' Tina super in der Spur.

Als ehemalige Eiskunstläuferin und nicht ganz unbegabte Schauspielerin ist es mir gelungen, nie wirklich zu zeigen, wie es in mir aussieht und die Emotionen einfach in Performance umzuwandeln. Außerdem fehlen mir sonstige besonderen Fähigkeiten. Ich verdiente mir meine Sternchen schon immer über Zuverlässigkeit und Fleiß. Abends nach der Büroarbeit zog ich mich um, instruierte das Foyer-Personal, prüfte, ob der Empfangsbereich und die Toiletten sauber waren und die Programm-Flyer auf den Tischen im Saal ansprechend drapiert waren. Dann sprach ich mich mit dem Inspizienten ab und vergewisserte mich, dass die Künstler und Artisten alles haben, was zum problemlosen Ablauf der abendlichen Show gehörte. Ich sorgte dafür, dass die Eingangstür pünktlich geöffnet wurde und alle, die eine Aufgabe vor und hinter der Bühne hatten, am Start waren. Ich begrüßte die Gäste, half beim Platzieren im Saal und war den ganzen Abend über für alle Beschwerden und Fragen der Gäste, Foyer- und Gastro-Personal, Künstler und Artisten ansprechbar. Während einer Veranstaltung habe ich so einige Kilometer zurückgelegt. Hinter die Bühne, ins Foyer, in den Saal, kurz ins Büro und wieder zurück. Selbstverständlich immer mit einem Lächeln im Gesicht und ohne mir anmerken zu lassen, wie anstrengend das war. So performte ich also weiter und weiter und brannte und brannte, bis ich ausbrannte. Bis von der Glut der Begeisterung nur noch Asche übrig war. Das Problem ist, dass viele Leute in meiner Umgebung dieses Feuer als meinen Normalzustand sehen. Woher sollten sie auch wissen, dass mein Feuer Futter braucht? Ohne Luft brenne ich aus. Das kann unterschiedlich lange dauern, weil ich oft schon mit zarten Lüftchen zufrieden bin. Das geht so lange gut, bis passiert, was passieren soll. Aber ich wollte nicht, dass erst etwas passieren musste. Ich wollte rechtzeitig die Notbremse ziehen. Aber wie?

Vielleicht kam ich bei der CC-Sommerkonferenz in Porto auf die Lösung? CC steht für »Citizen Circle« und ist eine Community aus lauter gleichgesinnten Selbstständigen und Angestellten, die unabhängig werden wollen. Da so viele digitale Nomaden dabei sind, finden die Konferenzen zweimal im Jahr statt, im Sommer innerhalb Europas und im Winter auf der Südhalbkugel. Auf diesen Treffen begegnet man sehr interessanten und vor allem inspirierenden Menschen. Alle verbindet das offene Denken, der Wunsch nach Weiterentwicklung und das Beste aus sich und seinem Business herauszuholen. Organisiert sind die Konferenzen immer aus einer Mischung an Vorträgen, Workshops, Freizeitangeboten und Zeit für gegenseitigen Austausch.

Für Marc war es schon vor der Konferenz klar, dass er sich wieder selbstständig machen wollte und so überredete er mich, die Konferenz mit einer Woche Sightseeing und Porto kennenlernen zu mischen. Da rannte er bei mir offene Türen ein. Er nutzte die Workshops und Vorträge aktiv zur Vorbereitung seines Unternehmerdaseins. Selbstständig zu sein, fand ich schon auch cool. Unabhängig und selbstbestimmt nur noch arbeiten, was einem Spaß macht, seiner Bestimmung folgen und endlich nicht nur Verantwortung, sondern auch Kompetenzen zu haben. Ich hatte keine Angst vor den vielen To-Dos, die beim Aufbau einer Selbstständigkeit auf einen zukommen. Fleiß war schon immer eine meiner Stärken. Etwas anderes ließ mich zögern, ob die Selbstständigkeit das Richtige für mich ist. Es war die Möglichkeit des Scheiterns. Da hatte ich wirklich Angst davor.

Nach meiner Rückkehr kam es dann doch, wie es kommen sollte und die Situation spitzte sich zu. Tillmann fiel mir immer öfter mies in den Rücken. Ich hatte gerade erfahren, dass ich meine Gebärmutter operativ entfernen lassen muss. Das war im August und die OP war für Mitte November geplant. Früher ging es nicht und später wollte ich nicht, da mir das faustgroße Myom[15] wirklich große Probleme bereitete. Im November beginnt im Theater die Hochsaison, weshalb der Termin natürlich nicht besonders gut gelegen war. Aber wir waren doch eine große Familie und da ich schon so viel für das Theater getan und einige Veränderungen zu dessen Gunsten auf mich genommen habe, müsste der Familiengedanke doch andersherum auch vorhanden sein. Leider musste ich erkennen, dass dem nicht so war. Gerti ist völlig ausgetickt, als sie von dem Termin erfuhr. Natürlich hat sie es nicht interessiert, weshalb ich mich dieser OP unterziehen musste. Sie fuhr mich an: »Ha spennsch du? Im November? Also des hosch jetzt richtig saudaggelhaft organisiert. Was soll denn jetzt dr Tillmann macha ohne di?«

---

15 gutartige Wucherung, die in der Muskelschicht der Gebärmutter auftritt

Tillmann genoss diese dramatische Situation und meinte nur mit theatralisch schwacher Stimme: »Ach lass nur Gerti, das kriege ich schon irgendwie hin. Wenn die Tina übers Wochenende bei ihrer Familie ist, muss es ja auch irgendwie gehen.« Dann leicht zickig an mich gerichtet: »Aber zur Gala am 3. Dezember bist du schon wieder da, oder?« Es war nicht das einzige Mal, dass ich seine Unterstützung als Chef gebraucht hätte und er mich einfach fallen ließ. Der cholerische Chef der Theater-Gastronomie hatte mich bei einer Gala völlig unangebracht angeschrien. Er war viel zu spät dran mit dem Briefing seiner Servicekräfte und die Gäste traten schon ein. Als Veranstaltungsleiterin achtete ich auf den zeitlichen Ablaufplan. Als Erstes sollten die Gäste mit einem Glas Sekt und einem umwerfenden Lächeln begrüßt werden. Das ist wirklich kein Hexenwerk und der Empfang ist der erste Eindruck und deshalb der wichtigste Part bei einer Veranstaltung. Wenn der verdorben ist, kann man das auch später nicht mehr hinbiegen. Der fade Beigeschmack haftet während der ganzen Veranstaltung in den Köpfen der Gäste. Damit das nicht passiert und der Gala-Kunde seine nächste Feierlichkeit wieder in diesem Theater stattfinden lassen möchte, habe ich mir erlaubt, das Gastro-Briefing sensibel freundlich zu stören, um auf das Eintrudeln der ersten Gäste aufmerksam zu machen. Wie ein wild gewordener Ochse fuhr der Gastro-Chef herum und brüllte mich mit hochrotem Kopf und pochender Stirnader an: »Tina! Du unterbrichst mich nicht, ist das klar? Und du hast meinen Leuten gar nichts zu sagen!« Ich starrte ihn nur schockiert an und er wollte schon richtig in Fahrt kommen, als er plötzlich innehielt und anfing zu stottern: »Ähm, ja, dann sind wir uns ja einig. Äh, wir sind jetzt auch bereit. Hans-Jörg, na los, stelle dich im Foyer an das Sekt-Buffet und fang an.«

Immer noch schockiert über seinen Wutausbruch und gleichzeitig verwundert über den spontanen Abbruch desselben, hörte ich eine freundliche Stimme hinter mir: »Frau Wälde, wir wären dann so weit. Ist alles in Ordnung hier?« Aha, der Gala-Kunde höchstpersönlich war der Grund des abrupten Wutabbruchs.

Das sollte aber nicht das einzige Missgeschick der Gastro bei dieser Veranstaltung sein und der Gala-Kunde war not amused. Zum Glück war die Veranstaltung von unserer Seite ein voller Erfolg, weshalb der Kunde am Ende sagte, dass sie ihr nächstes Fest auch im Theater feiern wollen. Jedoch nicht wegen, sondern trotz der Gastronomie. Ich bat um ein Gespräch mit Tillmann und dem Gastro-Chef. Tillmann tat sich schwer mit Kritikgesprächen. Er ließ sich mit schwachen Argumenten seitens des Gastro-Chefs abspeisen. Der stammelte nur ein bisschen herum: »Die Tina hat mich mitten im Briefing meiner Mitarbeiter unterbrochen und dann bin ich halt kurz laut geworden. Das war aber doch nicht böse gemeint.« Das Gespräch war schnell beendet, der Gastro-Chef zischte unbeeindruckt ab und Tillmann ignorierte meinen vor Wut hochroten Kopf. »Siehst du Tina, ich wusste doch gleich, dass er es nicht böse gemeint hat.«

Nicht böse gemeint hat? Wie bitte? Darum ging es ja gar nicht. Nahm er mich nicht ernst? Oder wollte er nur seine Harmoniesucht befriedigen? Natürlich mischte sich auch die Zirkusdirektorin ein: »Tina, du darfsch halt au ed so empfindlich sei.« Ach so, dann war ich wieder schuld und halt zu empfindlich. So kann man es natürlich auch sehen und schwuppdiwupp war auch dieses Problem aus ihrer Sicht gelöst.

Ich hatte wieder mit dem Rauchen angefangen, stand vor der Backstagetür, wo mich keiner sehen konnte und war superböse auf mich selbst. Ich hatte schon so oft damit aufgehört, dass schon der Wiederanfang eine Gewohnheit war.

Was suchte ich denn? Warum gab ich immer so viel von mir, was für andere so selbstverständlich war? Jetzt hatte ich mich noch durch ein Fernstudium gequält, um diesen Traum zu verwirklichen und musste feststellen, dass es doch nicht das Richtige war. Ich kam mir dumm und unzulänglich vor. Alles war umsonst. Aber war es das wirklich? Hat nicht alles einen Sinn? Ich dachte an die Worte meiner Mama, die das immer sagte und versuchte, eine anerkennungsunabhängige Entscheidung zu treffen. Ich musste weg. Aber was sollte ich stattdessen tun? Schließlich war das doch mein Traumjob.

Zuerst hatte ich versucht, einen Kompromiss zu finden und schlug dem Tillmann vor, auf selbstständiger Basis weiterhin für das Theater zu arbeiten. Natürlich wären dann viele meiner Aufgaben weggefallen, aber die organisatorischen Dinge hätte ich auch von daheim aus erledigen können und wäre dann nur ein bis zweimal pro Woche vor Ort erschienen. Ich wollte gerne unabhängig und meine eigene Chefin sein, das wurde mir klar. Er war schockiert. Dachte er doch immer, dass ich so glücklich im Theater bin, mit dieser großen Familie. Trotzdem wollte er darüber nachdenken und war ungewohnt offen für die Veränderung. Das änderte sich sofort, nachdem er die Neuigkeit der Zirkusdirektorin berichtet hatte. Es folgten wirklich schlimme Gespräche mit den beiden, die von Vorwürfen und Manipulationen geprägt waren. Sie wollten mir ein schlechtes Gewissen einreden. Natürlich mit Erfolg. Ich fühlte mich wie eine, die ihren Hund an der Autobahnraststätte aussetzt, um in den Urlaub zu fahren.

Noch während meiner Krankmeldung Mitte November kündigte ich zum Jahresende. Ich hatte das Gefühl, mir das schuldig zu sein und anders nie wirklich glücklich werden zu können. Irgendwie war ich so weit gegangen und musste das jetzt durchziehen.

Der letzte Monat im Theater steht im Ranking der schlimmsten Zeiten meines Lebens unter den Top-Fünf. Die Zirkusdirektorin und Tillmann sagten nichts Schlimmes mehr zu mir. Es war viel schlimmer als verletzende Worte. Sie sagten gar nichts mehr zu mir.

Ich gab mein Zimmer bei Julia auf und fuhr jeden Abend heim, um weinend in Marcs Arme zu fallen. Die Tränen fingen auf dem Heimweg schon nach der ersten Kurve an zu fließen. Ab da waren es noch 38 Kilometer bis nach Hause. Ich hörte immer ganz laut »Regulate« von Warren G, das regulierte meine Stimmung immer ein kleines bisschen. Natürlich war ich so fair und kam Anfang Januar 2019 noch für ein paar Stunden, um meine Nachfolgerin einzulernen. Ja, die gab es schon. Sie war ein halbes Jahr zuvor im Ticketverkauf eingestellt worden und war offensichtlich scharf auf meine Stelle.

Zum Abschied gab es keine Blumen. Kein Dankeschön, kein »Mach's gut«. Vielleicht darf man sich auch nicht wundern, wenn man sich erst unentbehrlich macht und die Leute sich dann auf einen verlassen? Und manchmal ist alles einfach nicht genug. Ich war enttäuscht! Meine Mama würde sagen: »Wer woiß, wofür's gut isch.«

Aber wenn man *ent-täuscht* ist, ist man nicht mehr *ge-täuscht*. Ich war enttäuscht und pleite[16].

Bleib niemals dort, wo du nicht wachsen kannst.
(Unbekannt)

---

16 Song »Pleite« von »Laing«

Gut gegen Sonntagabend-Blues

Jeder Abschied ist eine Chance zur Weiterentwicklung und macht Platz für etwas Neues. 2019 war mal genug mit Abschied nehmen. Ich wollte auch mal wieder etwas begrüßen. Trotz allen Scheiterns war ich motiviert und voller Tatendrang. Fest an die Worte meiner Mama glaubend, dass alles, was passiert, einen Sinn hat und man den manchmal erst viel später begreift, stellte ich mir die Frage, welche Optionen ich jetzt hatte. Es ging mir durch den Kopf, wo überall und als was ich schon gearbeitet hatte und versuchte, meine Stärken herauszufiltern.

Meine erste Ausbildung zur Friseurin hatte ich nur abgeschlossen, weil ich ursprünglich Maskenbildnerin werden wollte und eine Friseurlehre damals eine Voraussetzung dafür war. Danach hätte ich für ein Jahr auf die Visagistenschule gehen sollen. Diese Ausbildung war ganz schön kostspielig, was mein Vater nicht finanzieren wollte und ich war einfach nicht mutig genug, das ohne seine Unterstützung durchzuziehen. Nun wollte ich keine Friseurin bleiben. Obwohl ich richtig gut war und zugeben muss, dass mir der Tratsch geschwängerte Duft aus Kaffee, Dauerwellmittel und Haarspray schon manchmal fehlt.

Aus Mangel an Alternativen und weil ich es wirklich nicht besser wusste, entschied ich mich, noch eine solide kaufmännische Ausbildung zu absolvieren. Das war dann auch ok für Papa, weil ich währenddessen ja wenigstens ein bisschen was verdiente und sogenanntes Kost- und Logisgeld daheim abgeben konnte. Ich habe mich zwar schrecklich gelangweilt, aber auch diese Ausbildung habe ich mit Auszeichnung beendet. Damals hätte mir schon klar werden müssen, dass ich nicht für eine reine Schreibtischtätigkeit gemacht bin.

Während meiner Zeit als Bürokraft in einem kleinen Kindertheater entdeckte ich mein Talent für Fotografie. Eine befreundete Fotografin stattete mich mit Büchern und ihrer abgelegten Spiegelreflexkamera aus und ich fand gleich ein paar Bands und Brautpaare, die meine Dienste als angehende Fotografin in Anspruch nahmen. Auch die Kindergarten-Fotos im Kindi meiner Jungs habe ich gleich übernommen. Das hat mir richtig viel Spaß gemacht und ich dachte schon, ich hätte meine Berufung gefunden. Durch die Fotolinse sieht man die Menschen anders. Man kommt ihnen näher, als könnte man in ihre Seele sehen. Die Welt um einen herum verschwindet und man wird zum unbeteiligten Beobachter. Das war für mich bei Festlichkeiten oft sehr hilfreich. Wenn es mir zu viel wurde, habe ich mich hinter dem Fotoapparat versteckt und keiner war böse, dass ich mich nicht an der Unterhaltung beteiligte. Fotografieren war legitim, denn damit habe ich ja auch einen Teil zur Feier beigetragen.

Es scheiterte mal wieder an meinem Money-Mindset und daran, dass ich immer viel zu niedrig kalkuliert hatte. Weil ich ja keine »echte« Fotografin war und ja noch ganz am Anfang stand, traute ich mich nicht, meine Leistung gewinnbringend zu berechnen. Es musste wieder ein »richtiger« Job her.

Wenn ich also nicht in der Lage war, mit Dingen, die ich gut kann und mir auch noch Spaß machen, Geld zu verdienen, musste ich das eben mit meinem erlernten Beruf tun.

Also, zurück an den Schreibtisch. Man ändert ja erst etwas, wenn's weh tut. Lernen durch Leiden. Aber die Hoffnung, im Theater endlich die Möglichkeit zu haben, Spaß und Geldverdienen zu vereinen, musste ich nun leider auch begraben. Warum hatte es nicht geklappt? Als es anfing, hatte es sich so richtig angefühlt. Ich war traurig und ratlos.

Was sollte ich daraus lernen? Welche Schlüsse sollte ich daraus ziehen? Was würde mein Lieblings-Motivationsredner und Mindset Coach Ben Ouattara sagen? – »Was ist gut daran? Was sind meine Optionen?«

Zumindest wusste ich jetzt genau, was ich wollte: Meiner Leidenschaft folgen und dabei erfolgreich und selbstbestimmt arbeiten! Ich wusste auch, was ich nicht mehr wollte: Fremdbestimmt arbeiten, sonntagabends traurig sein, weil das Wochenende vorbei war und scheitern! Meine Stärken namens Fleiß und Struktur standen mir zur Seite, weshalb ich in kürzester Zeit einen Plan und ruckzuck ein neues Stück geschrieben hatte. Weil ich Musik liebe und die auch immer in die alten MordsCrew-Stücke eingebaut habe, wurde es ein »Mords-Musical«. Eine tolle Idee. Also suchte ich professionelle Schauspieler, die auch singen konnten – endlich einmal mit Profis arbeiten! Schließlich stand ab jetzt Geldverdienen auf dem Plan. Das war mir zwar wahnsinnig unangenehm, weil ich mir einfach schwertue, dafür Geld zu verlangen. Aber es half ja nichts. Jetzt hieß es: Unterhaltung gegen Geld. Also schmiss ich den Rucksack über den Zaun und gründete meine erste Firma. Es gab kein Zurück mehr. Auf geht's, ab in die Freiheit. Ich freute mich auf die Herausforderung. Nie wieder Sonntagabend-Blues.

> *Wenn Du eine Person suchst, die dein Leben verändert, dann schau in den Spiegel.*
> (Unbekannt)

Heimat. Was ist das?

Als Kind hatte ich immer Heimweh. Daheim war immer langweilig oder angespannt. Mein Vater brauchte sehr viel Ruhe und störte sich an jedem Geräusch. Meine Mama war dann nervös und verzweifelt bemüht, seine Laune auf einem erträglichen Pegel zu halten. Keiner wollte, dass seine Stimmung in den Keller rutschte, deshalb vermieden wir Störungen durch Lachen, Papierrascheln, Musik, Klospülung, Staubsaugen, Telefonklingeln oder ähnlich lebendige Geräusche. Mama flüsterte, wenn ich ihr eine Frage stellte und versuchte lautlos zu atmen. Dummerweise war er immer schon am frühen Nachmittag zu Hause, weshalb die Tage lange still waren.

Jeden Sonntag ging er zum Stammtisch. Meine Mama kochte und ich half ihr dabei. Um Punkt 13 Uhr kam der Herr Papa betrunken heim. Obwohl, richtig betrunken war er nicht. Sagen wir mal bierrauschig, mit dem Pegel eines Profis, der mit Restalkohol vom Vorabend fünf Kristallweizen geladen hat. Schlag 1 Uhr musste das Essen auf dem Tisch stehen. Danach haben sich Mama und Papa ins Bett gelegt. Als ich noch klein war, musste ich währenddessen immer Kopfhörer aufsetzen und Benjamin Blümchen Kassetten hören. Später habe ich sie abgesetzt, doch was ich hörte, verunsicherte mich. Ich setzte die Kopfhörer wieder auf.

Als ich sechs Jahre alt war, wurde mein Cousin geboren. Das war mein Glück, weil mich mein Onkel Burki oft mitgenommen hat, wenn er mit seinem Sohn ins Freibad oder in den Wald spazieren ging. Ab da war Schluss mit Benjamin-Blümchen-Sonntagen!

Mit 16 Jahren hat dann das Fernweh mein Heimweh ersetzt. Nach der Schule wäre ich gerne für ein Jahr als Au-Pair nach Paris. Mein Vater wollte unbedingt, dass ich etwas »Gescheites« mache. Brav, wie ich war, folgte ich seiner Anweisung. Ich wollte es ihm so gerne recht machen, damit er stolz auf mich sein konnte. Also ignorierte ich den Ruf der Ferne und machte »ebbes Gscheits«, was in seinen Augen eine Ausbildung war. Ich nahm mir vor, durchzuhalten und meine Wünsche auf später zu verschieben. Viele Jahre später tat ich das auch und bin mit Marc viel gereist. Früher mit unseren Jungs waren es Campingurlaube in Frankreich, Italien oder Spanien und später dann Fernreisen zu zweit.

Die Reise nach Malaysia im Jahr 2019 war die erste Fernreise, die wir seit Beginn meiner Selbstständigkeit unternahmen. Unsere Jungs waren 21 Jahre alt und inzwischen erwachsen geworden. Es war ein komisches Gefühl. Ich musste kein Formular ausfüllen, um den Urlaub zu beantragen. Das war, als würde die Tür geöffnet werden und man kann nach vielen Jahren den Raum verlassen, in den man eingesperrt war, traut sich aber irgendwie nicht, herauszugehen. Man spickelt erstmal vorsichtig um die Ecke und prüft, was da draußen los ist. Verrückt. Wir sind eben Gewohnheitstiere. Abgesehen davon organisierten wir die Reise mit riesiger Vorfreude. Gleich nach Weihnachten sollte es losgehen. Den Heiligen Abend habe ich wie immer mit großen Glücksgefühlen vorbereitet. Baum geschmückt, alles schön dekoriert, leckeres Essen gekocht. An dem Tag konnte es für meinen Geschmack nicht kitschig genug sein. Nur wir vier. Erst Essen, dann Bescherung und dann mit kugelrunden Bäuchen glücklich und kuschelig Videos von früher anschauen. Das war so unser

Ding. Beschwingt und fröhlich zündete ich die Kerzen an. Diese feierliche Stimmung entzückte mich jedes Jahr aufs Neue. Der Duft von Plätzchen und Rotweinsoße war unverkennbar mit Heiligabend verbunden. Den Baum habe ich wie jedes Jahr bunt geschmückt. Mit selbstgebasteltem Schmuck von den Jungs aus Kindergartentagen, alten Glaskugeln von meiner Omi und neuen Anhängern, die ich geschenkt bekommen habe. Unser Weihnachtsbaum war der schönste der Welt. An jeder anderen freien Stelle hing entweder eine Lichterkette oder stand eine Kerze. Die Illumination musste stimmen, das war mir wichtig.

»Kommt ihr?«, rief ich, zufrieden mit dem Ergebnis meiner Vorbereitungen, durch den Flur, wo sich meine Männer im oberen Stock in Schale warfen. Die ersten Schritte polterten über die Holztreppe: »Boah Mama, das sieht ja wieder alles so schön aus«, staunte Loui. Er teilte meinen Weihnachtseifer noch am ehesten mit mir. Am Tisch angekommen, fielen alle über das Essen her, auf das sich die Jungs ab Januar freuten. Traditionell und ausschließlich an dem Tag gab es Schweinebraten mit Käse-Kräuter-Kruste in Rotweinsoße, mit Herzogin-Kartoffeln und Prinzessbohnen im Speckmantel.

Es war harmonisch, wie schon lange nicht mehr. Mein Herz war erfüllt und offen wie ein Scheunentor, als ich vorschlug: »Lasst uns doch im kommenden Sommer mal wieder Urlaub zu viert machen. So wie früher. Was denkt ihr?« Loui und Marc fanden die Idee toll. Ich wollte schon mit Ideen für den Urlaubsort los sprudeln, als ich Ninos Blick bemerkte. Er schien irritiert zu sein. Seine Kinnlade war ihm heruntergefallen. Ich hielt inne und fragte: »Was ist los? Findest du die Idee nicht gut?« »Sag mal Mama, du warst doch die letzten Jahre dabei, oder? Was mussten wir mit und wegen Loui alles durchmachen?« Er wurde lauter: »Hey, der Junge hat so viel Dreck am Stecken. Er wäre jetzt nicht hier, wenn er nicht übertrieben viel Glück gehabt hätte. Und jetzt sitzt du da und schlägst ganz fröhlich einen gemeinsamen Urlaub vor. Als wäre nichts gewesen. Ich fasse es nicht!«

Marc hatte Schockstarre. Mir hatte es die Sprache verschlagen und ich fühlte, wie sich ein Kloß in meinem Hals sammelte und sich Tränen unter meinen Augäpfeln zusammenbrauten. Loui legte ihm seine Hand auf die Schulter und versuchte, mich zu verteidigen: »Hey Bruder, Mama hat es doch nur gut gemeint.« Nino schlug die Hand seines Bruders weg, stieß sich vom Tisch ab, dass der Stuhl umfiel und mit einem lauten Knall hinter ihm auf den Boden knallte: »Jetzt mach' hier nicht einen auf liebevollen Sohn! Weißt du eigentlich, wie oft Mama hier saß und geheult hat, weil wir nicht wussten, wo du bist und was du wieder angestellt hast? Ob man dich wieder zusammenflicken musste, weil du besoffen in einen Dornenbusch gefallen bist oder dich wieder geprügelt hast.« Jetzt ging's ab. Schlagartig war Loui auch wieder in Kampfposition und sie fingen an sich zu gegenseitig zu schubsen. Immer noch geschockt und mit inzwischen laufendem Tränenfluss, beobachtete ich diese leider inzwischen vertraute Szene und verstand die Welt nicht mehr. Was war denn passiert? Von harmonischer Weihnachts-Zauberwelt in die aggressive Schatten-Welt innerhalb von fünf Minuten. Bei Nino schienen alle dramatischen Momente, die es in den letzten acht Jahren betrüblicherweise zuhauf gab, hochzukommen und explodierten mit voller Wucht. Marc ging dazwischen und verhinderte, dass die beiden sich an die Gurgel gingen.

Schrecklich, wenn männliches Testosteron falsch abbiegt und unkontrolliert einen Krieg entfacht. »Ihr könnt mich alle mal!« Nino stürmte aus dem Haus, ließ erst die Haustür, dann die Autotür hinter sich ins Schloss krachen und raste mit quietschenden Reifen davon.

Wir blieben entsetzt zurück und begriffen nicht, was sich da eben innerhalb von ein paar Minuten abspielte. Ich wusste nicht, wohin mit meinen Gefühlen. Schluchzend riss ich die Weihnachtsdeko herunter und schmückte sogar den Baum ab. Marc und Loui beobachteten mich dabei wortlos. Die Nacht war schlaflos und traurig. Meine Augen brannten vom vielen Weinen und vom vielen Wein. Ich hätte sie so gerne ausgeruht, wollte die Stimmung sich beruhigen lassen, aber es klappte nicht. Die Heulkrämpfe begleiteten mich bis in die frühen Morgenstunden. Noch zwei Tage bis zu unserer Abreise nach Malaysia. Hoffentlich versöhnten wir uns alle bis dahin, sonst wäre es für mich undenkbar, zu gehen. Immerhin würden wir einen Monat dort bleiben. Und was, wenn die Jungs sich während unserer Abwesenheit wieder in die Haare kriegten? Wer würde dazwischen gehen und schlichten? Nino kam am nächsten Tag heim, sagte aber nichts. Ich fühlte, dass er mir vorwarf, auch in den schlimmsten Situationen bedingungslos hinter seinem Bruder zu stehen. Gleichzeitig wusste er aber auch, dass ich in ähnlichen Situationen genauso hinter ihm gestanden wäre. Ich konnte nicht anders. Am Tag der Abreise schwieg er immer noch. Ich konnte doch nicht ohne Abschied für einen Monat weggehen, oder? Zaghaft klopfte ich an seiner Zimmertür. Keine Reaktion. Ich wiederholte das Klopfen und als wieder keine Antwort kam, öffnete ich vorsichtig die Tür. Nino lag bäuchlings auf seinem Bett. Den Löffel in der rechten und das Handy in der linken Hand, schlabberte er seine Haferflocken. Den Blick fest auf sein Handy gerichtet. »Ich wollte mich nur verabschieden«, stotterte ich. »Tschüss«, erwiderte er gelangweilt, ohne mich anzusehen. »Ich hab' dich lieb«, zitterte meine Stimme noch, bevor ich schnell die Tür schloss. Schon wieder strömten meine Tränen unaufhaltsam. Die ganze Fahrt zum Bahnhof und auch während der Stunde Zugfahrt zum Flughafen.

Weihnachten hat seither seinen Zauber für mich verloren. Und das ist auch gut so. Wie besessen hielt ich mich an dieser Heiligabend-Tradition fest. Alles musste sein, wie immer. Wie früher, als noch alle lebten, in großer Runde bei uns zu Gast waren und alles noch so herrlich einfach war. Halten wir nicht oft an Traditionen fest, weil sie uns vermeintliche Sicherheit geben? Sicherheit von außen, auch wenn innen etwas zerbrochen ist. Genauso ist es mit der Heimat. Auch an ihr halten wir fest, weil wir uns sicher fühlen. Aber ist Heimat mit einem bestimmten Ort verbunden?

Heimat ist für mich weniger ein Ort, sondern ein Gefühl, bei dem ich mich geborgen und sicher fühle und zur Ruhe komme
(Joris)

Seitlicher Mehrblick

Hat man Heimweh, wenn man einen Ort vermisst? Für mich ist Heimat nicht mit einem Ort verbunden. Wenn ich an einen Ort denke und dabei Sehnsucht in mir hochsteigt, dann nur, weil ich diesen Ort mit einer Erinnerung vernetze. Eine Erinnerung an einen oder mehrere Menschen und das Gefühl, das ich damit verbinde. Das kann auch unabhängig von anderen Menschen sein. Wenn man zum Beispiel alleine durch den Wald geht und sich dabei glücklich fühlt, wird man diesen Wald immer mit einem positiven Gefühl verknüpfen.

Deshalb ist für mich Heimweh die Sehnsucht nach einem oder mehreren Menschen, mit denen mich eine schöne Erinnerung an diesen Ort verbindet oder die Sehnsucht nach mir selbst mit Glücksgefühlen.

Malaysia werde ich immer mit Loslassen und Inspiration verbinden. Loslassen deshalb, weil ich jetzt vier Wochen lang aushalten musste, dass Nino nicht mit mir sprach, böse auf mich war, ich mich nicht mit ihm versöhnen konnte und nicht eingreifen konnte, wenn die Jungs aufeinander losgingen. Die Sonne hatte sich entschieden, sich vorläufig hinter den Wolken zu verstecken. Es war das Ende der Regenzeit und perfektes Postkartenschreibwetter. Ich schrieb keine Karten. Ich saß auf der Terrasse unserer gemieteten Unterkunft und sah mir von außen die urinsteinfarbenen Lamellen-Vorhänge an, die der Terrassentür als Sichtschutz dienten. Diese Art von Vorhängen verbinde ich immer mit etwas Unangenehmen, wie ein Besuch beim Steuerberater, Anwalt oder Zahnarzt. Sonst war die Unterkunft typisch asiatisch ausgestattet: Klimaanlage, bunte

Bettlaken, zu Schwänen geschlungene Handtücher, einlagiges Klopapier, das beim Hintern abwischen krümelt, bunte Farben und im Kühlschrank je zwei Plastikflaschen Wasser und künstlicher Orangensaft, der höchstens mal in der Nähe von echten Orangen im Regal stand.

Die Palmenblätter raschelten im Wind aneinander. Mit geschlossenen Augen klang das wie Regentropfen. Ich dachte an meine Jungs. Es war Zeit, sie loszulassen. Das war mir klar. Nur wusste ich nicht, wie das geht. Vielleicht ging es ja nur mit Schmerzen? So wie die Entscheidung, meiner Berufung nachzugehen. Selbstbestimmt, auch wenn es anderen nicht passt. Aber dann konnte ich nicht mehr Everybody's Darling sein. Knifflige Situation. Ich tat mir leid und ich war auch wieder böse auf mich. Warum musste immer alles so weh tun, bevor ich weiterziehen konnte?

Als würde ich es genießen, fütterte ich mein Selbstmitleid mit Gedanken an meine Mama. Ich musste ihr immer sofort nach der Ankunft an einem Urlaubsort Bescheid geben, dass wir gut angekommen sind. Jetzt verlangte das niemand mehr. Früher nervte mich das und jetzt vermisste ich es. Bevor ich mein Selbstmitleid weiter fütterte, damit es so richtig groß und stark werden konnte, schlug Marc einen Ausflug mit dem Roller vor: »Komm', nicht schon wieder Trübsal blasen. Wir schauen uns mal den Ort an und lassen uns massieren.« »Och, ich wollte heute eigentlich mal gar nichts machen. Morgen treffen wir uns ja schon mit den anderen«, gab ich lustlos zurück. Ich hatte ja gerade erst angefangen, mich zu bedauern. »Jetzt komm' schon, sei kein Frosch«, überredete er mich. Und weil ich auf keinen Fall ein Frosch sein wollte, quengelte ich zurück: »Also, gut.« Hinten auf dem Roller zu sitzen und das quirlige Treiben auf den Straßen von Langkawi einfach vorbeistreifen zu lassen, tat tatsächlich gut. Alles war so bunt, dass es eine Ohrfeige für jeden Grauton war und es duftete nach Meer, gebratenem Hähnchen und Kokosnüssen. Es ging mir so viel durch den Kopf. Eine leise Stimme in meinem Kopf flüsterte: »Schreib' das alles auf. Schreib' dein Buch.« Wo kam das denn jetzt her?

Nach einer Stunde Rollerfahrt über die Insel kamen wir an einem Massage-Salon vorbei. Wir stiegen ab und ich behielt die Tatsache, dass mir von der langen Rollerfahrt die Schamlippen eingeschlafen waren, lieber für mich. Es war nicht viel los und wir kamen sofort dran. »Relax Madame, relax«, versuchte mich die freundliche Masseurin aufzulockern. Den Gefallen hätte ich ihr gerne getan, aber wie soll man sich entspannen, wenn man dringend pupsen muss? Trotz meines Dagegenhaltens, schaffte diese zierliche Frau, die ungefähr die Hälfte von mir wog, eine Blockade in meinem Nacken zu lösen. Es krachte ein paar Mal ordentlich und ich fühlte mich auf einmal so frei, als würden mich Wolken umarmen. Nicht nur die Blockade im Nacken, auch mein Tränenkloß, der sich seit Weihnachten angehäuft hatte, löste sich. Die Tränen flossen mir in kleinen Bächen die Wangen herunter bis in den Ausschnitt. So viel geheult wie in der letzten Woche hatte ich schon lange nicht mehr. Dieses Mal war es aber anders. Nicht so krampfartig schmerzhaft, sondern befreiend leicht.

Am nächsten Tag stand das Treffen mit der »Citizen Circle« Community an. »Hey Tina, Marc, wie schön, euch zu sehen«, begrüßte und umarmte uns eine Teilnehmerin herzlich. »Hey, wie geht's dir? Du siehst ja blendend aus. Wo ist dein Mann?«, zwitscherte ich gleich zurück. »Der steht irgendwo dahinten«, beschrieb sie seinen Aufenthaltsort, »erzähl mal, wie gehts euch, was treibt ihr so, wo wohnt ihr?« Sie wollte alles gleichzeitig wissen und wir beantworteten ihre Fragen brav der Reihe nach.

Wir kannten das kinderlose Paar von vergangenen CC-Treffen. Sehr erfolgreich in ihrem Business und mit einer umwerfenden Ausstrahlung bewunderte ich diese Power-Menschen, seit ich sie zum ersten Mal gesehen hatte. »Ja und sag mal, ihr? Wohnt ihr immer noch in Zypern?« fragte Marc zurück. »Nee, da haben wir nur noch ein Büro. Wir leben jetzt auf Koh Phangan«, berichtete sie munter. »Wow, wie cool«, staunte ich.

In der Pause unterhielten wir uns mit Sarah. Sie baute ihr zweites Resort auf den Philippinen und erzählte, dass sie kürzlich ihr erstes Buch veröffentlicht hatte. Was für eine beeindruckende Frau. Umwerfend. Ich nahm mir vor, ihr autobiografisches Buch zu besorgen. Wieder mit Marc alleine in unserer Unterkunft duschte ich erstmal und wusch von Hand das Schwitze-Arschwasser aus unseren Unterhosen. Die Wäsche ist knapp, wenn man vier Wochen nur mit einem Rucksack unterwegs ist.

»Warum wohnen wir eigentlich noch in Deutschland?«, sauste es ohne Vorwarnung aus mir raus. Erschrocken von meiner eigenen Frage, überraschte mich Marc mit seiner Antwort: »Hmmm, gute Frage. Warum eigentlich?« Ups, haben die Gespräche mit diesen interessanten CC-Leuten etwa bei ihm dieselben Gedanken ausgelöst? Nach diesen anregenden Tagen fuhren wir mit dem Bus weiter zu unserem nächsten Reisestopp. Vollgestopft mit Passagieren, durchströmte schnell und unerbittlich Schweißfrische die Luft im Bus. Diesen ambivalenten Geruch kann man auch oft beim Vorbeizischen eines Joggers wahrnehmen, der zu viel Weichspüler benutzt.

Zum Ausgleich hatten wir auf der gesamten Fahrt seitlichen Meerblick. Ich dachte an die vielen tollen Menschen, die wir getroffen hatten, was sie alles Grandioses leisteten und an welchen traumhaften Orten sie wohnten. Diese Gedanken ließen mein Herz tanzen und ich hatte auf einmal ein unbeschreibliches Gefühl von Freiheit und neuen Perspektiven. Als hätte mir jemand die Scheuklappen abgenommen, sah ich alles etwas anders. Soll ich auch ein Buch schreiben? Interessiert meine Geschichte jemanden? Sollen wir auch mal woanders leben? Am Meer? Den Jungs würde es vielleicht guttun. Oder brauchen sie mich noch? Sie gehen bald ihre eigenen Wege. Aber jetzt gleich? Nein. Das war nicht der richtige Zeitpunkt. Oder doch? Oder lieber später?

> *Ich fühle, dass da draußen eine*
> *ganze Welt voller Möglichkeiten ist*
> (Liza Minelli)

Eine neue Liebe

Wieder daheim im kalten und trüben Deutschland schwirrte mir ganz schön der Kopf. Bevor ich meine Gedanken weiterspinnen konnte, musste ich als Erstes mit Nino sprechen. Ich räumte gerade die Spülmaschine ein, als er hereinkam, um sich eine Cola aus dem Kühlschrank zu holen. Er warf mir einen kurzen Blick zu und nickte zur Begrüßung. Ängstlich, wieder von ihm abgewiesen zu werden, fragte ich ihn, ob wir kurz reden könnten. Seine Gesichtszüge wurden schlagartig weich, er kam auf mich zu, nahm mich in seine Arme und drückte mich fest. Wieder kullerten Tränen über meine Wangen, aber dieses Mal vor Erleichterung. »Wir dürfen es nie wieder so weit kommen lassen, dass wir nicht miteinander reden«, bat ich ihn. Abgemacht. Hoffentlich! Knatsch mit meinen Jungs halte ich gar nicht aus.

Jetzt konnte es weitergehen. Frisch verliebt in die Mords-Musical-Darsteller, konnte ich unsere Premiere motiviert planen. Es war einfach nur klasse, wie ein sechsfacher Griff in die Glückskiste. Sie hatten alle große Lust auf das Projekt und jeder einzelne hat perfekt auf ihre und seine Rolle gepasst. Die drei Frauen und drei Männer waren wie dafür gemacht. Meine Ex-Kollegin und Freundin Babsi aus dem Theater übernahm die musikalische Leitung und unterstützte das Projekt mit Begeisterung. Einer unserer Songs war »A Whole New World« von Peabo Bryson und Regina Belle. Ich fühlte und lebte dieses Lied; denn es öffnete sich eine neue Welt für mich.

Wenn da nicht der Ex wäre, der einem die neue Liebe missgönnt. In dem Fall war es die Ex-Theatergruppe, die eifersüchtig war auf die neue. Meine neuen Darsteller hatten nicht nur schauspielerisches Talent, sie konnten auch noch singen. Meine Ex-Mitmörder waren eifersüchtig auf die neuen Mordsheimer, obwohl sie sich nie persönlich begegneten.

Es kam dann auch noch zu einem richtig großen Krach, der einem Rosenkrieg glich. Meine Ex-Mitmörder fanden es überhaupt nicht gut, dass ich erstens weiter machte, zweitens damit Geld verdienen wollte, drittens das alles mit professionellen Darstellern, viertens ein neues Unterhaltungsformat kreiert hatte und fünftens, dass ich ihnen nicht einfach demütig hinterher trauerte. Wie konnte ich ohne sie wieder Fuß fassen oder daran denken, ohne sie glücklich zu sein? Es war aber nicht so, dass sie mir offen sagten, was sie ärgerte. Ich musste es an ihrer passiven Aggressivität merken, als es um die Verteilung des Restgeldes unserer Theaterkasse ging.

Allerdings war ich so verliebt in mein neues Projekt und meine neue Theatergruppe, dass ich keine Lust hatte, mich in ihre Gedanken einzufühlen und mir dadurch alles madig machen zu lassen. Ich wollte mich schlicht freuen, auf den Neuanfang konzentrieren und meiner Motivation hingeben. Das fanden sie nicht gut. Um genau zu sein, vier von ihnen fanden es richtig schlimm. Wir haben uns zu einem klärenden Gespräch im Landgasthof getroffen, wo wir immer aufgetreten sind. Bitter-Katja, Deko-Queen Petra, Helikopter-Britta und Gotti warteten schon im Nebenzimmer auf mich. Marc und O-Schatzi boten mir flankierenden Begleitschutz.

Wie immer roch es nach Frittierfett und abgestandenem Rauch, der sich in all den Raucherjahren längst vergangener Zeiten tief in den Putz der Wände gefressen hatte. Mein Herz klopfte wie wild. Ich konnte hören, wie mir das Blut durch die Ohrläppchen sauste. Ich hatte ein schlechtes Gewissen, weil ich wusste, was sie mir gleich vorwerfen würden. Nach ein paar hinkenden Small-Talk-Floskeln fasste Deko-Queen Petra sich als Erste ein Herz: »Also Tina, es ist ja nicht so, dass wir dir nicht gönnen, dass du jetzt ein neues Projekt und dein Hobby zum Beruf gemacht hast. Nur hast du dabei halt gar nicht an uns gedacht. Du benutzt aber die MordsCrew und alle Veranstaltungen für deine Werbezwecke. Das kann's ja nicht sein.« Damit hatte ich nicht gerechnet und verstand den Vorwurf nicht. Verteidigend fragte ich zurück, warum ich die MordsCrew-Stücke und -Erfolge nicht für Werbezwecke verwenden sollte. Schließlich habe ich die Stücke ja auch geschrieben, inszeniert, veranstaltet, geleitet, gespielt, ge-allest! Helikopter-Mutter Britta musste jetzt auch mal was loswerden: »Ja schon, aber du hast uns persönlich mit keiner Silbe erwähnt. Wenn man den Text auf deiner Website und den Newsletter liest, denkt man, du hättest alles ganz alleine gemacht. Von Wertschätzung uns gegenüber keine Spur.« Bitter-Katja zickte vorwurfsvoll hinzu: »Als ich den Newsletter gelesen habe, sind mir schier die Augen rausgefallen. Ich dachte, du machst mit der MordsCrew weiter und nur mich hast du nicht gefragt.«

Jetzt ging mir ein Licht auf und ich spürte ihre Eifersucht in jeder Pore. Ich versuchte zu beschwichtigen: »Ach so, das tut mir leid. Aber was hättet ihr denn in meiner Werbung zu suchen? Wenn es euch um Anerkennung geht, ist meine Website der falsche Platz dafür.« Mit Anlauf wurde ich dann auch dramatischer: »Außerdem verstehe ich jetzt das Dilemma auch nicht so ganz. Ich habe euch 12 Jahre lang alles hinterhergetragen, euch gelobt und verhätschelt, war immer empathisch und bin so gut ich konnte auf all eure Bedürfnisse eingegangen.« Gotti wandte mit beschlagener Stimme ein: »Empathisch warst du vielleicht früher mal. Da bist du heute aber weit davon entfernt.« Autsch! Gekränkt sagte ich: »Weil ich jetzt zum ersten Mal nach mir schaue und nicht nach eurer Nase tanze, bin ich gleich unempathisch! Übrigens: Wertschätzung ist keine Einbahnstraße!« Sie wollten mich flach und um Verzeihung winselnd am Boden sehen, so viel stand fest. Ob wir uns je wieder versöhnen und ob sie wohl trotzdem zur Premiere meines Mords-Musicals kommen?

Die darauffolgenden Wochen waren von Kummer getränkt. Es war echter Liebeskummer. Mit klagevoller Musik litt ich große Abschiedsschmerzen! Der Song »Missing You« von John Waite lief hoch und runter. Ich fühlte mich wie am Ende einer langjährigen Beziehung, die nach unzähligen Versuchen letztlich doch in die Brüche gehen musste. Loslassen war einfach noch nie meine Stärke. Ich konnte von diesem toten Pferd erst spät absteigen. Während der letzten 12 Jahre stand meine »MordsCrew« absolut in meinem Lebensmittelpunkt. Nach meinen Jungs und Marc an zweiter Stelle, aber auf jeden Fall vor mir selber. Deshalb hat es sich so seltsam angefühlt, als meine Wenigkeit plötzlich vorrückte und das haben sie mir ja auch prompt vorgeworfen. Was uns verband, war weg. Solange ich das Band hegte und pflegte, mich verzweifelt daran festklammerte, hielt es. Aber es war schon lange brüchig. Für den Riss reichte letztendlich eine kleine Zeit der Unaufmerksamkeit.

Aber es musste weitergehen und ich hatte ein schönes Ziel. Die Premiere war für den 13. April geplant und wir waren alle schon mächtig aufgeregt. Alle Proben liefen prima und ich war zuversichtlich, dass das neue Unterhaltungsformat gut ankommen würde. Die Kombination aus dem klassischen Krimitheater, Dinner und Musical war bisher noch nicht da und ich hoffte, dass die Schwaben offen und bereit für ein Mords-Musical mit dem Titel »Das schöne Biest« waren. Die von mir gestartete Crowdfunding-Kampagne war erfolgreich. Wir starteten ohne finanzielle Sorgen. Ich fühlte mich, als würde ich zum ersten Mal alles richtig machen. Zwar spürte ich die Missgunst meiner Ex-Theatergruppe, versuchte aber, das Gefühl zu Seite zu schieben. Obwohl mir keiner von den ehemaligen Mitmördern mehr begegnete, konnte ich ihre Erwartung meines Scheiterns geradezu spüren. Als wäre ein Brennglas auf mich gerichtet, das nur auf den Sonnenstrahl wartet, der mich in Schutt und Asche verwandelt. Ich musste mich davor schützen. Da ich nicht wusste, wie das genau funktioniert, habe ich versucht, mich weiterhin auf die positiven Dinge, allem voran unsere Premiere zu fokussieren.

Alles lief nach Plan. Bis genau einen Monat vor dem Premierentermin etwas passierte, mit dem niemand gerechnet hatte. Die Spaßbremse Corona-Virus zeigte uns zum ersten Mal ihr schlecht gelauntes Gesicht. Zuerst dachten wir, dass in vier Wochen alles vorbei sein würde und wir, wie geplant, unsere Premiere feiern können. Falsch gedacht. Wir verschoben die Premiere um zwei Monate. Allerdings sollte auch dieser Termin nicht klappen. Dieses Corona-Biest hielt sich hartnäckig und verhinderte den Auftritt des schönen Biestes.

Im Sommer gab es dann für einen kurzen Zeitraum die Möglichkeit, kleine Veranstaltungen unter strengen Hygienemaßnahmen draußen durchzuführen. Das Projekt und alle Beteiligten waren reif für die Bühne. Warum also nicht die Premiere an der frischen Luft feiern? Ich bin ja ein großer Fan davon, Chancen in der Krise zu sehen und sie auch zu nutzen.

Gesagt, geplant, getan. Am 5. Juli durfte sich »Das schöne Biest« wenigstens ein paar Gästen im Innenhof eines entzückenden Weinguts zeigen. Das Wetter spielte mit und die Stimmung beim Empfang war herzlich. Der Corona-Schreck steckte den Gästen sichtlich in den Knochen und man konnte beobachten, wie sie teilweise noch unsicher mit der neu geforderten Distanz zueinander umgingen. Vor allem ich, als Veranstalterin, bin ständig zusammengezuckt und dachte, irgendetwas falsch gemacht oder nicht bedacht zu haben. Stimmten die Abstände der Tische zueinander? Die Anzahl der Gäste pro Tisch? Waren überall Schilder mit den einzuhaltenden Desinfektions- und Abstandsregeln? Wusste jeder, wo er hin und sie wieder weggehen sollte? Hatte ich an alle Requisiten gedacht? War das Team gut drauf? Hatten sie alles, was sie brauchten? Wusste der Caterer Bescheid? Und hatte ich mein Kostüm dabei? Fragen über Fragen schossen mir am Premierentag und an den Tagen davor durch den Kopf. Andererseits war da aber auch diese Erleichterung, dass wir unser neues Stück endlich präsentieren durften. Diese Mischung aus Unsicherheit und Freude kribbelte in meinem Bauch. Wie erhofft, kam das Mords-Musical super an. Trotz der Abstandsregelungen kam in dem Innenhof eine wunderbar persönliche und lauschige Atmosphäre auf.

Es hatte etwas Magisches. »Nothing's Gonna Stop Us Now«[17] Das musste im Anschluss gefeiert werden. Gut, dass wir auf einem Weingut und die Party-Bedingungen optimal waren. Als der Endorphinspiegel im Blut langsam abnahm, waren wir alle erschlagen glücklich und blickten unaufhaltsam positiv unserem nächsten Auftritt entgegen. Was konnte uns jetzt schon noch passieren?

> *Glück findet man nicht dort,*
> *wo man es verloren hat*
> *(Unbekannt)*

---

17 *Song von Starship*

Schlaflos in Tratschburg

Nach so viel Aufregung und diesem zufriedenstellenden Premieren-Ergebnis schlief ich tief und traumlos. Zumindest bis kurz nach drei Uhr. »Hey Mama, Papa, lasst mich rein!«, drang es wie durch Wolken an mein Ohr.

Woher kam denn das? Lautes Klopfen gesellte sich zu den Rufen. Ich wollte es ignorieren und einfach weiterschlafen. Dann erkannte ich, dass das Loui's Stimme war. Wie vom Blitz getroffen, durchfuhr mich ein riesiger

Schreck. Schlagartig wach, riss ich die Augen auf und erkannte vor der Balkontür unseres Schlafzimmers die Silhouette meines Sohnes, der gegen die Scheibe klopfte. Wie um Himmelswillen kam er denn auf den Balkon? Schlaftrunken öffnete Marc die Balkontür und ließ ihn rein. »Hab' meinen Schlüssel vergessen«, nuschelte er und torkelte in sein Zimmer. Wie hat Loui es geschafft, auf den Balkon in sieben Meter Höhe zu klettern? Fassungslos prüften Marc und ich am nächsten Tag die Möglichkeiten. Unter unserem Schlafzimmerbalkon befand sich noch ein Balkon im Erdgeschoss, zu dem vom Garten eine Treppe führte. Jedoch war es unmöglich, den oberen Balkon von da aus zu erreichen. Selbst, wenn er auf das Geländer des unteren Balkons gestiegen wäre – was ich mir lieber nicht vorstellen wollte – hätte er nicht mal mit den Fingerspitzen den oberen Balkon berühren können. Es war und ist ein Rätsel. Wir wissen bis heute nicht, wie er dahin kam und er kann sich nicht erinnern. Egal wie es sich ereignet hat, wir sind froh, dass ihm nichts passiert ist.

Danach plätscherte der Alltag schnell wieder weiter. Wobei es ein anderer war, als der gewohnte. Es hatte sich viel verändert. Unsere Gedanken hatten sich verändert und wir fühlten uns nicht mehr wohl in dem kleinen Dorf Tratschburg. Es war eng und fremd geworden. Das lag aber nicht an den Corona-Maßnahmen. Wir bekamen immer öfter kleine Zeichen, die immer größer wurden und nicht mehr ignoriert werden konnten.

Wir wollten weg. Woanders wohnen. Am Meer leben. Wenn nicht jetzt, wann dann? Wir wussten, dass wir es bereuen würden, wenn wir es nicht tun würden. Wie immer half mir auch hier meine Mama, wie sie von ihrer Wolke anmerkte: »Hexle, wenn's nix isch, war's vorher au nix.« Recht hatte sie. Wer nicht wagt, der nicht gewinnt. Wir waren bereit und zu unserer Überraschung standen auch die Jungs sofort hinter unserem Entschluss. Sonst waren wir niemandem gegenüber Rechenschaft schuldig.

Zypern sollte unsere neue Heimat werden. Erstmal nur für Marc und mich. Die Jungs waren mit ihren 22 Jahren ohnehin auf der Startbahn, um aus dem Nest zu flattern. Für Unternehmer attraktiv, nur vier Flugstunden von Deutschland entfernt, mit über 300 Sonnentagen im Jahr und mediterranem Flair soll es eine wunderschöne Mittelmeerinsel sein – hatten wir gehört.

Um uns ein eigenes Bild zu machen, verbrachten wir den August in Zypern und schauten uns ein paar Orte an. Larnaca war uns zu touristisch, Limassol zu groß und zu teuer, Polis zu abgelegen und die Hauptstadt Nikosia liegt nicht am Meer. So fiel die Entscheidung auf Paphos, da haben wir uns sofort wohlgefühlt. Nach vier Wochen Probewohnen in Zypern und ein Beratungsgespräch zur Einwanderung und Firmengründung, kündigten wir nach unserer Rückkehr unser gemietetes Haus. Wir erzählten von unseren Plänen und ich wünschte mir, dass alle Freunde und Verwandte unsere Entscheidung verstehen und sich mitfreuen. »Und wird es da besser sein? Du weißt schon, dass man sich selber immer mitnimmt?« klärte meine Dodo[18], ihre Patentantenpflichten ernst nehmend, mich

---

18 *Dodo ist zwar auch eine ausgestorbene Vogelart, aber ich nenne meine Tante so. Im Schwäbischen sagt man Dode zur Patentante und Dede zum Patenonkel*

auf. Das wusste ich. Aber die Energie-Vampire[19] um mich herum musste ich nicht mitnehmen! Ich durfte mich endlich um mich kümmern. Was ich mich früher nie getraut hätte, weil ich auf keinen Fall egoistisch sein wollte – das sagt man doch Einzelkindern nach, oder? Ich wollte immer von allen gemocht werden und habe deshalb versucht, es allen recht zu machen. Irgendwann war es selbstverständlich, dass ich mich immer zurücknehme.

Endlich musste ich keine Angst haben, jemandem zu begegnen, der mir aus unerfüllter Erwartungshaltung die Pest an den Hals wünscht oder der mich scheitern sehen will oder der sich freut, wenn ich unausgeschlafen oder dicker oder älter aussehe. Eine Bekannte zickte uns voller Ironie an: »Jo, subba. Und mir bledn Deitschn derfn na den näxtn Reddungsballon für Zypan zoln.«[20] Keine Ahnung, welchen Rettungsballon sie meinte, aber Zypern hat von Deutschland noch nie Geld gebraucht. Und selbst wenn: Was hat das mit unseren Umzugsplänen zu tun? Dann freuten sich eben nicht alle für uns. Schade. Meine Mama würde sagen: »De andre läbat dei Läba ed.« Stimmt, das tun sie nicht. Aber sie mögen es auch nicht, wenn man sich verändert und nicht mehr für sie wie gewohnt funktioniert. Ich hatte das Gefühl, vielen Leuten den Spiegel vorzuhalten und sie mit ihrer Angst konfrontierte, die eigene Komfortzone zu verlassen.

---

19 *Energie-Vampire sind Menschen, die dir viel mehr Energie rauben, als sie dir zurückgeben*

20 *Frei übersetzt aus dem Bayrischen: »Wow, ich bewundere euren Mut. Für mich wäre Auswandern ja nichts und ich habe auch gar keine Ahnung, wo Zypern überhaupt liegt. Aber ich wünsche euch von Herzen alles Gute«*

Wir bereiteten uns auf den Abschied von der Heimat vor. Es gab viel zu tun. Da wir nicht viel mitnehmen wollten und nutzten wir die Gelegenheit, und befreiten uns von altem Ballast. Das Haus musste geräumt werden. Das war eine Herausforderung, weil ich mich so schlecht von Dingen trennen konnte. Beim Ausmisten habe ich doch tatsächlich meinen Schwangerschaftstest gefunden. Ach ja, und den Master-Key eines Leasingfahrzeugs, den ich 21 Jahre zuvor bei der Abgabe des Wagens verzweifelt gesucht hatte und 1600 DM für den Verlust zahlen musste.

Viele Kartons mit Andenken an meine Mama lagerten im Keller. Sie war seit 10 Jahren tot und ich hatte nicht ein einziges Mal hineingeschaut. Mir war klar, dass Tränen fließen würden, wenn ich die Kartons meiner Mutter und meine Zeitkapseln[21], wie Marc sie nannte, öffnete. Aber es half ja nichts. Also, ran an den Speck. Tagelang nahm ich mir Karton für Karton, Zeitkapsel für Zeitkapsel vor. Ich fotografierte bestimmt 137 selbst gemalte Bilder von den Jungs aus Kindergartentagen und warf sie dann ins Altpapier. Ich heulte, fotografierte, entsorgte oder packte es wieder in eine Kiste. Von allen Sachen konnte ich mich nicht trennen. Vielleicht später mal? Irgendwann?

Innerhalb weniger Wochen hatte Marc mehr als 160 Kleinanzeigen formuliert, unzählige Dinge fotografiert, katalogisiert und auf den üblichen Portalen im Internet veröffentlicht. Jeden Tag kamen mindestens zwei bis drei Käufer vorbei. Nach zwei Tagen Garagen-Flohmarkt und abgezogen der Sachen, die wir auf einer Palette nach Zy-

---

21 *Zeitkapseln sind Behälter, in die man Dinge packt, die man nicht mehr braucht, von denen man sich aber nicht trennen kann oder will*

pern schickten und die wir für die Jungs zur Seite gestellt hatten, war immer noch so viel Zeug da! Das Haus wollte nicht leer werden. Ohne Pause haben wir Sachen verkauft, verschenkt, entsorgt, aufgeräumt oder gereinigt. Papiere mussten unterschrieben, geordnet, abgelegt oder geschreddert werden. Menschen mussten verabschiedet, getröstet oder losgelassen werden. Und das Wichtigste: Die Jungs brauchten ein neues Zuhause.

Nino hatte einen festen Plan und zog mit seiner Freundin zusammen nach Stuttgart. Er wollte dort mit einem Partner gemeinsam einen Pizza-Lieferservice übernehmen. Ich war sehr besorgt, weil er sich in seinen jungen Jahren schon so viel auf die Schultern packen, einen fetten Kredit aufnehmen und mega viel Verantwortung übernehmen wollte. Sorge und Bewunderung wechselten sich ständig ab und letzlich vertraute ich darauf, dass er das packen würde. Er war fleißig, durchsetzungsstark und was das Wichtigste war: Er hatte das richtige Mindset. Da konnte sich manch 40-Jähriger eine Scheibe abschneiden.

Loui hatte eine andere Situation mit miesen Voraussetzungen für ein eigenständiges Leben in Deutschland. Seine erfolglosen Bemühungen um einen Ausbildungsplatz machten es ihm gleichzeitig unmöglich, eine Wohnung zu finden. Er befand sich in einem klassischen Teufelskreis. Das Gute daran war, dass er nichts zu verlieren hatte. Wir schlugen ihm vor, mit uns nach Zypern zu kommen. Erstmal nur für ein halbes Jahr, um aus diesem Schlamassel herauszufinden. Ein Tapetenwechsel erweitert den Horizont. Er hatte Angst vor diesem Sprung. Die hatten wir auch. Aus Mangel an Alternativen sagte er zu. Nun stand unserer Auswanderung zu nichts mehr im Weg. Mit weichen Knien und Respekt vor unserer eigenen Courage verließen wir zu dritt unsere alte Heimat und fragten uns, was wohl auf uns zukommen würde. War es die richtige Entscheidung? Was, wenn die Zweifler um uns herum recht hatten? Und was, wenn es gut wird? Wenn es die tollste Erfahrung unseres Lebens wird?

> ***New beginnings can be scary alright,***
> ***but they also give you wings to fly***
> *(Unbekannt)*

Plätzchenduft mit Meerblick

Es war gar nicht so kalt, wie man das von einem Abend Mitte Dezember in Deutschland erwartete. Es schüttelte mich trotzdem so sehr, dass ich dachte, gleich in tausend Fetzen zu reißen. Schon beim Abschied vom Haus und von dem Dorf, in dem unsere Jungs ihre Kindheit verbracht haben, aufgewachsen sind, Scheiße gebaut haben, sich das erste Mal verliebt haben, viele Streitereien, Versöhnungen, Partys, Spaß, Theater, Freude und Trauer erlebt haben, flossen mir die Tränen in kleinen Bächen, die Wangen runter. Als wir dann zu Nino fuhren, um bei ihm ein paar Zeitkapseln und Fotos in den Keller zu stellen und natürlich, um Tschüss zu sagen, war mein Herz so offen wie ein Scheunentor. Der Abschiedsschmerz hatte ungehindert Zugang und war ununterdrückbar. Ich schluchzte und Nino wusste nicht, wie er mich beruhigen sollte. Der Arme! Ich hatte mir vorgenommen, ihm den Abschied nicht so schwer zu machen, aber dieser Schmerz war zu riesig und ich musste mich ihm ergeben.

Spät abends, den gemieteten VW-Bus vollgepackt, fuhren wir im dichten Nebel nach München. Von dort aus ging am nächsten Tag der Flug in unsere neue Heimat. Wir drei teilten uns ein Hotelzimmer. So froh, dass Loui mitkam, schlief ich irgendwann in dieser Nacht erschöpft, mit feuerroter Nase und dröhnendem Kopf ein. Da waren wir nun. Weg vom Land der Gelben Seiten und Säcke, rein ins Land, wo der Halloumikäse seinen Ursprung hat und mitten im Corona-Lockdown. Egal, wir waren da, begrüßten unsere neue Heimat und fühlten uns wie Randy Crawford in ihrem Song »One Hello«.

Wir hatten extra den größten Bus ausgeliehen, den die Autovermietung in Larnaca anbot. Dort angekommen, mussten wir dann aber feststellen, dass wir zu dritt, mit drei großen, drei kleinen Koffern und Marcs zwei Fahrräder verpackt in riesigen Kartons nicht reinpassen. Zum Glück ist Marc ein geübter Tetris-Spieler und schaffte es nach einer Stunde, alles in den Mini-Van zu packen. Loui saß zwar verbotenerweise hinten im Kofferraum auf dem Gepäck, aber das war die einzige Möglichkeit. Zwei Stunden später kamen wir komplett erschöpft in unserem neuen Haus am Meer an und blickten uns gegenseitig stolz in die Augen. Geschafft.

Alle Restaurants und Läden waren zu dieser Zeit Corona-bedingt geschlossen und auch private Treffen waren verboten. Aber das störte uns nicht. Wir wollten erstmal ankommen, die Gegend erkunden, uns einrichten und nach der anstrengenden Zeit ausruhen! Das Haus hatten wir schon im November angemietet, als wir nochmal für eine Woche in Zypern waren, um den ganzen Papierkram zu erledigen. Es war das dritte Haus, das wir besichtigt haben und es hat uns gleich gefallen. Ein typisch zypriotisches weißes Haus mit blauen Fensterläden und Steinboden. Mit drei Schlafzimmern und drei Bädern, wobei wir ein Schlafzimmer als Büro und ein Bad als Abstellraum nutzen wollten. Die Küche eher rustikal aus dunklem Holz, die Wände dünn wie Pappe und so hellhörig, dass der Guten-Morgen-Furz tief in der zyprischen Kanalisation nachhallt. Als wir auf die Terrasse im Erdgeschoss traten, strömte uns die pure Urlaubsatmosphäre entgegen. Es roch nach Rosmarin und Lavendel, den man in Büschen im Garten fand. Wir hörten nur die Vögel zwitschern, sonst war es still. Wenn man die Ohren spitzte, konnte man hören, wie in 800 Metern Entfernung die Wellen gegen die Felsen der Küste schlagen. Hier sollten wir wohnen? Nicht nur für vierzehn Tage, sondern immer? Wow! Es kostete nicht viel mehr als unser Haus in Deutschland, nur dass wir jetzt eine Dachterrasse mit Meerblick und einen Pool hatten. Schon fast 20 Jahre alt, aber gut in Schuss gehalten. Drumherum ein großer Garten, sehr schön angepflanzt und perfekt gepflegt. Weil es ursprünglich einmal als Ferienhaus vermietet wurde, war es komplett ausgestattet. Möbel, Geschirr, Spül- und Waschmaschine, Bettwäsche, Handtücher – alles da. Es rief aber dringend nach einer persönlichen Note. Außerdem waren es nur noch fünf Tage bis Heiligabend. Ich hatte vorsichtshalber ein paar Lichterketten eingepackt. Illumination ist schließlich alles! Es würde dieses Mal anders sein, aber da der letzte in einer absoluten Katastrophe endete, war es auch gut so. Weihnachten ausfallen zu lassen, kam für mich nicht infrage. Und die Ausstecherförmchen waren selbstverständlich auch am Start. Ohne Ausstecherle[22] geht's nicht. Also backte ich zum ersten Mal in meinem Leben Plätzchen mit Meerblick bei 24 Grad Außentemperatur. Die sommerliche Optik mit Meer und Palmen kombiniert mit dem weihnachtlichen Duft nach Zitronenschale und Butter war merkwürdig. Alles war ungewohnt und wir fühlten uns wie große Abenteurer.

Nach vier Wochen hatte Loui einen Job im Kundensupport bei einem Online-Spielcasino und zog nach Limassol. Von uns aus ist das nur eine knappe Stunde Fahrt

---

22 Ausstecherle ist der schwäbische Ausdruck für Plätzchen, die aus einem Butter-Zitronen-Teig mit weihnachtlichen Ausstecherförmchen ausgestochen werden

mit dem Auto entfernt. Für Loui war es nochmals eine ganz neue Herausforderung. Das erste Mal eine eigene Wohnung und ein neuer Job, mit neuen Kollegen, in englischer Sprache und das alles in einer fremden Stadt in einem fremden Land.

Loui hatte seine Komfortzone verlassen wie niemand sonst und ich hoffte aus tiefstem Herzen, dass er dafür belohnt werden und diesen Schritt nie bereuen würde. Ich schmiedete währenddessen eifrig einen Plan für ein Gastspiel unseres Mords-Musicals in Zypern. Als Halb-Irin hat O-Schatzi »Das schöne Biest« perfekt ins Englische übersetzt. Ich habe Locations besichtigt, Termine fixiert, Preise verhandelt, Ablaufpläne erstellt, zusammen mit Marc Website, Flyer, Eintrittskarten, Aufkleber und Plakate designt, drucken lassen, aufgehängt und verteilt. Es sah gut aus, alles lief am Schnürchen und die Leute waren neugierig darauf. Erstens stehen die Briten, die einen großen Teil der Zugezogenen in Zypern ausmachen, total auf Murder Mystery Events und auf Live-Musik sowieso. Das in Kombination wäre unschlagbar. Meine »Mordsheimer« waren sofort begeistert von der Idee und planten alle, das Gastspiel mit einem Urlaub zu verbinden. Alle Zeichen standen auf »das soll so sein«. Wir wussten zwar nicht, wie sich die Corona-Lage entwickeln würde. Aber ich konnte und wollte nicht abwarten. Wir wollten raus mit unserem neuen Stück. Eine neue Theatergruppe mit einem neuen Unterhaltungsformat musste auf die Bühne. Die ganze Arbeit durfte nicht umsonst gewesen sein und aufgeben war keine Option. Ein Schauspieler musste zwar neu besetzt werden, aber das gehörte eben auch dazu. Manche gehen und machen dafür Platz für andere, die wirklich dabei sein wollen.

Habe keine Angst davor, Menschen zu verlieren. Habe lieber Angst davor, dich selbst zu verlieren, während du versuchst, es allen anderen recht zu machen.
(Lieblingsmensch)

Rezept Ausstecherle

- 500 g Mehl
- 2 gestrichene Teelöffel Backpulver
- 2 Eier
- 200 g Zucker
- 1 Päckchen Vanillezucker
- 250 g Butter
- 1 abgeriebene Zitronenschale

Tipp: Ich mache immer die doppelte Menge Teig, dann hat man noch ein paar zum Verschenken.

Zuerst das Mehl mit dem Backpulver vermischen, dann die restlichen Zutaten hinzufügen und gut durchkneten (Maschine oder von Hand).

Eine Kugel aus dem Teig formen und am besten zugedeckt über Nacht im Kühli ruhen lassen.

1 Stunde vor dem Ausrollen, den Teig aus dem Kühli nehmen, damit er bei Zimmertemperatur schön geschmeidig werden kann.

Teig ausrollen, ausgestochene Formen auf das mit Backpapier ausgelegte Backblech legen und im vorgeheizten Backofen bei 175° für 8-10 Minuten backen. So sind sie noch schön fluffig. Wer sie knuspriger mag, lässt sie 2 Minuten länger backen oder rollt den Teig dünner aus.

Meine Lieblings-Ausstecher-Förmchen sind:
Stern, Herz, Stiefel und Rentier

Halloumi zum Frühstück

Eingelullt in Zyperns Sonne, verbrachten Marc und ich den Tag am Strand. Es war Frühling geworden, der Lockdown wurde gelockert und wir konnten nach vier Monaten endlich mal länger raus und Land und Leute kennenlernen. Wir konnten immer noch nicht glauben, dass wir da wohnen, wo andere Urlaub machen. Auf der Fahrt nach Hause lag wie immer der Geruch von Katzenpipi und Souvla[23] in der Luft. Meine Haut klebte vom Meersalz und meine Wangen glühten. Es war schon dunkel und wir freuten uns auf die Dusche und ein schönes Abendessen am Pool. Auf der Heimfahrt stand plötzlich, wie aus dem Nichts, ein großer weißer Hund auf der Straße. Er kam von links und wollte auf die andere Seite. Wie hypnotisiert blieb er stehen und schaute direkt in die Scheinwerfer unseres Autos. Marc trat mit voller Wucht in die Bremse. Der Wagen schleuderte mit dem Heck, die Reifen quietschten, ich schrie und klammerte mich seitlich am Sitz fest. Ein lauter Knall schleuderte uns rückwärts in den Sitz und das Auto kam endlich zum Stehen. Ein unfassbar tiefer Schreck schoss mir durch die Glieder. Dann war alles absolut still, endgültig und leer.

Irgendwann nahm ich mein rasendes Herz wahr, konnte mich aber nicht rühren, oder sprechen, oder kapieren, was eben passiert war.

Ein paar Meter vor uns lag der Hund regungslos im Graben. Er musste sofort tot gewesen sein. Uns ist zum Glück nichts weiter passiert. Die Front des Mietwagens war

---

23 *Souvla ist Fleisch am Spieß gegrillt*

etwas beschädigt, aber das konnte man ersetzen. Daheim angekommen, trank ich das erste Mal Zivania. Schnaps mag ich nicht, aber es gibt Momente, wie diesen. Marc prostete mir zu: »Schreib endlich dein Buch. Die Geschichten stapeln sich ja inzwischen.« Ich zweifelte: »Meinst du, das interessiert jemanden?« Marc sagte nur: »Überlasse die Entscheidung doch deinen Lesern.«

Der zypriotische Schnaps hat sich bei mir nicht in den Alltag integriert. Ich greife nur in äußersten Notfällen darauf zurück, von denen es hoffentlich nicht allzu viele geben wird. Dafür hatte es mir der lokale Käse angetan. Halloumi wird aus reiner Ziegen- und Schafsmilch hergestellt und wird von uns auch gerne zum Frühstück verzehrt. Gegrillt schmeckt er besonders gut. Unübertroffen lecker ist er aber paniert, mit Olivenöl in der Pfanne gebraten. Wir fühlten uns schnell heimisch und passten uns den landestypischen Gepflogenheiten an. Dazu gehört in Zypern an erster Stelle der Frappé. Egal, wo dir eine Zypriotin oder ein Zypriot begegnet, hat sie oder er diesen kalten Kaffee mit Milch und Eiswürfeln in der Hand. Bestellbar ist das beliebte Getränk an jeder Ecke in verschiedenen Ausführungen – mit oder ohne Milch, von papp süß bis ganz ohne alles.

Zyprioten fahren jede noch so kleine Strecke mit dem Auto. Deshalb sollte man denken, dass sie das gut können. Aber was ist schon »gut«. Sie sind jedenfalls ziemlich furchtlos und fahren nach dem Motto »das wird schon irgendwie passen«. Wenn man dann noch bedenkt, dass sie in einer Hand einen Frappé, in der anderen eine Zigarette, auf dem Schoss das Handy haben und mit den Knien lenken, sind sie wahre Fahrkünstler. Kleine Auffahrunfälle sind an der Tagesordnung und kratzen die Zyprioten nur peripher. Wenn die Stoßstange herunterhängt, wird sie mit Klebeband wieder in Position geklebt. Dasselbe gilt für Seitenspiegel oder Scheinwerfer.

Zur Region Paphos mit seinen zahlreichen Bananen-Plantagen gehören auch die Briten. Die unter 60-Jährigen verbringen gerne ihren Urlaub auf ihrer Lieblings-Urlaubsinsel und die Ü60-Briten haben sich in dem Gebiet für ihren Ruhestand niedergelassen. Man erkennt die prototypische Ü40-Britin an ihrer fuchsfarbenen Lederhaut. Die Frisur wird gerne pfiffig kurz in dachziegelrot oder als asymmetrischer Pagenkopf in apfelschorleblond oder aschflieder mit einzelnen purpurfarbenen Strähnchen getragen – so ein bisschen frech halt. Für so eine Frisur muss man sich sehr sicher mit seinem Gesicht sein, weil sie nichts ausgleichen kann. Meist ziert ein scheinbar wahllos platziertes Tattoo die Schulter oder das Dekolleté. Bitte nicht falsch verstehen! Ich kenne einige Frauen, denen Tattoos super stehen! Die hier beschriebene Britin gehört leider nicht dazu. Sie empfindet das anders und präsentiert ihres gerne mittels trägerlosem Oberteil, das die Brüste flach an den Oberbauch klebt und die Brustwarzen unmotiviert nach unten zeigen lässt. Der Brite sitzt gerne schon ab 10 Uhr vormittags in der Kneipe beim Day-Drinking. Den Begriff habe ich nicht erfunden, den gibt es in Zypern und wahrscheinlich überall, wo Briten Urlaub machen, tatsächlich. Er ist absolut unverkennbar durch sein knallrotes Gesicht, das wahrscheinlich eine Mischerscheinung aus Bier und Sonne ist. Man sieht ihn auch oft beim Einkaufen, wie er schwitzend seinen Biernachschub durch den Supermarkt schiebt. Ich weiß nicht, ob man diese Erkennungsmerkmale auf alle Briten pauschalisieren kann. Auf die Briten, die in Zypern leben oder Urlaub machen, aber auf jeden Fall. Da sind sich alle einig. Im Frühling kommen sie alle raus, weil der Teint nicht verblassen darf oder wieder aufgefrischt werden muss. So kann man sie ganz gut bei ihrem Sonnenbad oder beim Day-Drinking oder bei beidem gleichzeitig beobachten.

Um andere deutsche Einwanderer kennenzulernen und uns mit ihnen auszutauschen, besuchten Marc und ich regelmäßig Stammtische. Ausgehungert nach Kontakt zu anderen Menschen, fanden wir schnell Anschluss und kamen mit vielen interessanten Leuten ins Gespräch. Jeder hat seine Geschichte, die ihn dahin geführt hat, wo er heute ist. Spannend! Als Zypern-Anfänger saugten wir alles auf wie Schwämme. Wir wussten gar nicht, wie wir die ganzen Ratschläge, Warnungen und Vorschläge verarbeiten sollten. »Ich sag's dir, so ein Oschi«, erzählte einer am Nebentisch und zeigte mit seinen Händen einen 20 cm großen Kreis.

Ich wurde sofort hellhörig, setzte mich an den freien Platz neben ihm und fragte ängstlich nach: »Was für ein Oschi?« »Vogelspinne. So ein Oschi war gestern wieder bei mir im Wohnzimmer«, wiederholte er. »Waaas? Bei dir im Haus?« Ich war entsetzt. Ich hörte zwar davon, dass es in Zypern große Spinnen gibt, aber ich glaubte oder hoffte, dass die scheu sind und eben in den Bananen-Plantagen und im Feld oder in alten Ruinen oder so wohnen. Wie es sich eben für Spinnen gehört. Hoffnungsvoll hakte ich nach: »Wohnst du direkt neben einer Bananen-Plantage?« »Neee, ich wohne in einer Gated Community bei euch in der Nähe. Nur Häuser und ein kleiner Garten um mich herum.« Mit nach oben stehenden Nackenhaaren und aufgerissenen Augen wollte ich noch wissen: »Aber das ist nur einmal passiert. Oder?« »Schön wär's. Ich habe nämlich Angst vor den Viechern. Das war aber schon das fünfte Mal.« Es schien ihm zu gefallen, dass er meine volle Aufmerksamkeit hatte, weshalb er es mir dann noch ausführlicher beschrieb: »Weißte, da liege ich so entspannt aufm Sofa und sehe aus den Augenwinkeln, wie dieses Monster so ganz langsam ins Wohnzimmer krabbelt. Direkt auf mich zu.« Wie immer hatte ich sofort ein Bild vor Augen. Jede Faser meines Körpers spannte sich an. Sogar an den Knien hatte ich Gänsehaut. Sofort wanderte mein Blick umher und ich war steif vor Angst. Um mich zu beruhigen, meinte ein anderer lässig: »Ach, die kommen bei dir doch nur rein, weil du immer Essen herumstehen hast. Das lockt die Viecher an.« An mich gewandt legte er aber noch eine Schippe darauf: »Du weißt ja, dass die immer als Paar kommen? Wenn du eine im Haus hast, ist auch eine zweite da.« Na toll. Wir müssen wieder zurück nach Deutschland! Das war jedenfalls mein erster Gedanke. Weil das aber nicht so schnell umsetzbar war und ich die

Winkelspinnen, die es dort gibt, auch mega gruselig finde, musste ich mich erstmal mit meiner Panik arrangieren. Das geht am besten, indem man sich über seinen »Feind« informiert und weiß, was er wann und wie üblicherweise tut. Google bestätigte, dass die Vogelspinnen paarweise vorkommen, weil sie im Frühsommer auf Partnersuche sind. Da stand aber auch, dass sie erst in der Dämmerung aus ihrem Versteck kommen.

Also ist es tagsüber sicher. Das war gut, weil man im Frühsommer den ganzen Tag lang die Fenster und Türen offen hat, um das vom Winter ausgekühlte Haus innen zu erwärmen.

Die ersten Tage nach dieser Horrorgeschichte, musste ich vor dem Schlafengehen immer alles absuchen, unter dem Bett, Schrank, Nachttisch. Ich stopfte ein Handtuch in den Spalt zwischen Tür und Boden. Selbst die Nachttischlampe ließ ich die ganze Nacht an, um einigermaßen entspannt zu schlafen. Langsam zog wieder Ruhe ein und wir genossen die letzten Frühsommertage vor Beginn der großen Hitze. Wir konnten jeden Tag draußen frühstücken. Die Geräusche erinnerten mich ein bisschen an die Samstags-Sommer-Dorf-Geräusche in unserer alten Heimat. Wenn Laubbläser und Motorsägen ein Duett begannen, wusstest du, dass es Samstag ist. In Zypern nahmen wir dieselben Geräusche wahr, nur dass der Wochentag keine Rolle spielt und auf dem schwäbischen Land noch Rasenmäher und Autostaubsauger mit einstimmten.

Ich plante das Gastspiel und fing nebenbei an, im Backoffice für Manne zu arbeiten. Manne hilft Deutschen bei der Einwanderung und Firmengründung. Marc entdeckte inzwischen eine neue Form der Aufschieberitis: die Facebook-Klo-Prokrastination. Das ist, wenn man einfach so lange auf dem Klo sitzt und facebooked, bis es sich nicht mehr lohnt, mit dem neuen Projekt anzufangen.

Wir genossen unser neues Zuhause und samt dem neuen Alltag und gingen nicht oft aus. Meistens kochte ich und probierte neue Rezepte aus. Wie auch an diesem Dienstagabend. Es war schon dunkel und ich war gerade dabei, eine vegetarische Lasagne zuzubereiten. Vertieft in das Raspeln der Karotten blickte ich aus dem Fenster auf die Terrasse vor dem Pool. Da sah ich sie. Groß wie eine Bauarbeiterhand krabbelte sie dramatisch und langsam wie in Zeitlupe über den Fliesenboden. Die Haare stellten sich mir senkrecht auf. Ich bekam eine Gänsehaut am ganzen Körper. Mein Atem stockte und wurde schwer. »Ok, alles cool, Tina. Sie ist draußen«, versuchte ich meine aufkommende Panik zu mindern. Wenige Augenblicke später verstand ich, dass sich die gefürchtete Besucherin in der Fensterscheibe spiegelte. Schlagartig begriff ich: Sie war im Haus, direkt hinter mir! Ein heiß kalter Schauer lief mir über den Rücken. Panik. Schrei. Innerhalb von einer Sekunde sprang ich mit einem Satz in den Flur und raste kreischend die Treppe hoch, wo ich atemlos vor Marc stand und nur rausbrachte: »Vogelspinne! Unten!« Marc war ebenfalls schockiert. Jedoch von meinem Geschrei. Panisch schrie er zurück: »Wo? Was?« »Unten, am Esstisch«, schnaufte ich. Er zögerte kurz und ging dann nach unten. »Wo? Wo ist die denn?« rief er bange nach oben. Ich konnte oben seinen Schreck hören, als er sie entdeckte. Nach ein paar hörbar tiefen Atemzügen schaffe er es, sie auf die eilig herbei geholte Kehrschaufel zu bugsieren und draußen über die Hibiskus-Hecke zu katapultieren.

Aufgrund der Größe musste es sich um ein Weibchen gehandelt haben. Nach jüngst erworbenen Kenntnissen musste dann das Männchen noch irgendwo sein. So war es. Ich fand das Männchen eine Woche später beim Abstauben tot in der Ecke. Der Schreck war trotzdem groß. Ich dachte die ganze Zeit darüber nach, wo sich das Pärchen wohl davor aufgehalten hatte. Dank unserer Vermieterin hatten wir zehn Tage später in jedem Fenster und an jeder Terrassentür Schiebe-Fliegengitter. Das sollte das Eindringen unerwünschter Besucher künftig verhindern. Das hoffte ich inständig! Dieses Erlebnis traumatisierte mich regelrecht. Früher wäre ich niemals in ein Land gereist, in dem es große Spinnen gibt und heute lebe ich in einem. Man wird eben immer mit seinen Ängsten konfrontiert. Warum? Weil man oft an Dinge denkt, vor denen man sich fürchtet.

Achte auf deine Gedanken, sie könnten Realität werden.
(Unbekannt)

Umbrüche

»Maaaaahaaaarc!«, rief ich zum fünften Mal aus Leibeskräften. Obwohl es ein schwitziger Sommertag war, saß ich nass und frierend auf dem Boden der Dusche. Mein Hintern schmerzte. Wie konnte er mich vergessen? Ich spürte, wie die Wut in mir aufstieg. Ich hasste es, auf Hilfe angewiesen zu sein. Bestrafte er mich etwa für meine Ungeschicklichkeit? Nein, das konnte ich mir nicht vorstellen. Ich war machtlos. Alleine konnte ich nicht aufstehen, das hatte ich schon so oft versucht. Das war der Moment, in dem ich den festen Entschluss gefasst hatte, ein Buch zu schreiben. Meine Geschichte. Eine gefühlte Ewigkeit später erinnerte er sich wohl daran, dass er mir auch wieder aus der Dusche heraushelfen musste. Gut gelaunt stürmte er ins Bad und scherzte: »Ach Schatzi, Entschuldigung. Ich habe telefoniert und dich doch glatt vergessen.« Ernsthaft? Ich war so wütend, dass ich lieber nichts sagte. Es wäre nichts Nettes dabei gewesen.

Mein Gipsbein nervte mich gewaltig. Ich hatte mich beim Treppe runterlaufen vertan und bin unten auf der Fußkante aufgekommen, umgeknickt, das war's. Der Knacks war hörbar und der Schmerz schoss mir durch den ganzen Körper. Vermutlich war ich einfach zu schwer für mein Fußgelenk. Jedem, der mich fragte, erzählte ich aber, dass ich bei der Landung nach einem Fallschirmsprung umgeknickt bin. Das klang spektakulärer, fand' ich.

Sowas kommt ja nie geschickt, aber die Tatsache, dass es 14 Tage vor unserem ersten Besuch in der alten Heimat passierte, erschwerte die Situation doppelt. Trotzdem war die Freude auf unsere Deutschlandreise unfassbar groß.

Nach sieben Monaten durfte ich endlich wieder meinen in Deutschland zurückgelassenen Sohn sehen. Alleine der Gedanke daran verschaffte mir Gänsehaut und trieb mir die Tränen in die Augen.

Gänsehaut bekommt man aus Rührung, Angst vor Spinnen, Begeisterung, einem schönen Lied, das durch und durch geht oder beim Ablecken von Eisstielen aus Holz. Der Körper scheint nicht zu unterscheiden, ob der Auslöser angenehm oder unangenehm ist. Genauso kommt es mir bei manchen Leuten vor, dass sie nicht auseinanderhalten können, ob das Motiv der Aufmerksamkeit, die sie geschenkt bekommen, positiver oder negativer Natur ist. Oder sie können es unterscheiden, es ist ihnen aber egal. Es ist Aufmerksamkeit. Wenn sie krank sind, fragt wenigstens jeder mal nach. Wenn sie angeschrien werden, beschäftigt sich wenigstens jemand mit ihnen. Das tut mir leid und erschreckt mich gleichzeitig. Vielleicht haben diese Menschen auch schon mal den gesunden Weg der Aufmerksamkeitsbeschaffung probiert und es hat nicht geklappt? Ist dir schon mal aufgefallen, dass dir Probleme – oder nennen wir es Herausforderungen – so oft vor die Füße fallen, bis du eine Lösung gefunden hast? So verhält es sich auch mit Menschen, die dir nicht guttun, die sich an dich hängen und deine Energie aussaugen. Da sind sie wieder, die Energie-Vampire.

Energie-Vampire wollen gar nicht selber wachsen oder weiterkommen, sie wollen aber auch nicht, dass du das tust. Sie hätten gerne Gesellschaft in ihrer toxischen Komfortzone und Begleitung beim Stillstand. Oft mögen sie auch dein Mitleid und sind sensationsgeil, laben sich am Leid der Anderen. Dadurch haben sie eine Ausrede, in ihrem

Leben nichts und sich nicht ändern zu müssen. Sie sagen dann gerne: »Siehst du, das bringt ja eh nichts.« Es ist unaufhaltsam, mit den Energie-Vampiren wieder zusammenzuprallen. Ich bin zwar in ein anderes Land gezogen, aber sie warteten blutrünstig auf meinen Besuch. Außerdem witterten sie schlechtes Gewissen und Unsicherheit meilenweit entfernt.

Meine Freundin Gudrun hat sich für mich im Laufe der Zeit zu einem entwickelt. Sie wohnte in der Nachbarschaft, war 2 Jahre jünger als ich und hing fast jeden Tag bei mir und meiner Omi ab, die sie wie ihre eigene liebte. Ihre Eltern zeigten kein großes Interesse an ihr, weshalb sie sich Liebe und Aufmerksamkeit bei uns holte. Für mich war sie wie eine kleine Schwester, trotz ihres tragischen Blicks auf das Leben und der Tatsache, dass sie alles auf sich bezog. Als Notre Dame brannte, schrieb sie mir betroffen, warum denn ausgerechnet ihre Lieblingskirche abbrennen musste. Da fiel mir allerdings auch keine Erklärung ein. Trotz allem liebte ich sie. Ich wusste, dass ich für sie ein kleiner Fels war. Ihr etwas Halt zu geben, hat mich immer mit Stolz erfüllt und ich wollte sie auf keinen Fall enttäuschen oder im Stich lassen. Vielleicht ist es auch deshalb so weit gekommen, weil ich es brauchte, für sie der Fels zu sein und die Beziehung mit meiner Hilfestellung gefüttert habe? Als ich merkte, dass ich ein angeketteter Fels war, der sich nicht bewegen durfte, wurde mir klar, dass das nicht gesund ist.

So kam es, wie es kommen musste. Wir versuchten, per WhatsApp einen gemeinsamen Termin für ein Treffen zu finden. Wenn wir schon mal in Deutschland waren, wollten wir uns wiedersehen. Wir hatten einen Termin fixiert, an dem ihr aber etwas dazwischen kam. Da unsere Zeit in Deutschland knapp war, konnten wir keinen Ersatztermin finden. Noch dazu hatte ich ein Gipsbein und war mit Krücken nicht sehr mobil, wir waren mit vielen Leuten verabredet und musste obendrein noch ein Theater-Picknick vorbereiten.

Wie das mit Energie-Vampiren und Ichheimern so ist, können sie sich wenig in die Lage anderer Menschen hineinversetzen und nehmen alles persönlich. Deshalb schrieb Gudrun beleidigt: »Also, wenn es euch schon zu viel ist, für eine gute Freundin einen anderen Termin sausen zu lassen, weiß ich auch nicht. Dann sehen wir uns eben nicht. Viel Spaß noch in Deutschland.« Na feinerle, da war es wieder, mein schlechtes Gewissen. Marc hält sich normalerweise aus solchen Diskussionen raus. Aber in dem Fall konnte er nicht anders und erklärte ihr es nochmal per WhatsApp, dass wir das doch nicht böse meinen und sie soll sich doch mal in unsere Situation reinversetzen... Es half alles nichts. Sie schlug nur noch wild um sich. Ich hielt es nicht mehr aus und schrieb, dass wir das vielleicht besprechen, wenn sie sich wieder beruhigt hat und nicht per WhatsApp. Streiten per WhatsApp ist eine ganz schlechte Idee. Jeder interpretiert einen Unterton in die geschriebenen Worte. Kommunikation ist immer Empfängersache. Um mich vor weiteren Verletzungen zu schützen, blockierte ich sie auf WhatsApp. Von Energie-Vampiren habe ich meine Grenzen brechen lassen und musste sie jetzt irgendwie wieder aufbauen.

Ich spürte, worum es ihr ging. Das Schlimmste daran war für mich die Erkenntnis, dass sie offenbar wollte, dass ich mich schlecht fühle. Das war nicht der erste Konflikt zwischen uns. Ein paar Jahre zuvor hatte ich mal die Brille meiner Omi für eine Rolle im Theater benutzt. Sie war entsetzt darüber und warf mir vor, den Hinterlassenschaften meiner Omi nicht die nötige Ehre zu erweisen. Ich dachte erst, mich verhört zu haben. Was geht sie es an, was ich mit den Sachen meiner Omi anstelle? Sie hatte zwar eine enge Bindung zu ihr, weil sie jeden Tag bei uns war, aber das ging doch wirklich zu weit. Außerdem war ich mir sicher, dass Omi es eher toll gefunden hätte, dass ihre Brille in einem meiner Theaterstücke mitspielt. Gudrun sprach damals ein halbes Jahr nicht mit mir. Ich wusste nicht, wie lange es dieses Mal dauern oder ob sie je wieder Kontakt mit mir aufnehmen würde. Ich hatte auch keine Ahnung, wie ich ihr helfen konnte, ihre Dramen zu überwinden.

Sie hat den Tod meiner Omi lange nicht verkraftet. Sie ist 1994 gestorben. Jepp, das ist eine lange Zeit. Keine Frage, meine Omi war die Beste! Zumindest als ich klein war, da war sie mein Ein und Alles. Eine Omi mit einem Herz für Enkel so groß wie ein Scheunentor! Sie verwöhnte uns drei (Cousin, Gudrun und mich) schier ohne Grenzen. Ihr Gesicht war voller Güte, ihr Lachen war absolut ansteckend und mit ihren 1,55 cm war sie jedem Großkotz überlegen. Sie wusste immer Rat und in ihrer verrauchten Stube war immer Platz für alle, die ein gutes Gespräch und Trost suchten. Sie liebte politische Diskussionen, Fußball und machte den weltbesten Rahmspinat und hatte immer genügend Kaffee, Grießbrei und Zigaretten. Ihr brauner, gekachelter Couchtisch war immer mit zwei Aschenbechern bestückt, sodass man von jeder Sitzposition aus einen erreichen konnte. In der Mitte des Tisches stand ein silbernes Tablett mit einem Glas Instant-Kaffee, Tassen, Süßstoff, Kondensmilch und einer roten Thermoskanne mit heißem Wasser. Sie war Witwe. Mein Opi war schon lange nicht mehr da. Mit 57 Jahren wachte er nicht mehr von seinem Mittagsschlaf auf. Zu früh. Aber so ein schöner Tod. Einschlafen und weg. Er war Malermeister mit einem eigenen Geschäft. Als junger Mann war er Bassist und ist mit meiner Omi viel rumgekommen. Er ist mit seiner Band aufgetreten und Omi hat als Bardame Geld dazu verdient. Als ich als erstes Enkele unterwegs war, haben sie sich so gefreut, dass sie mir doch glatt ein eigenes Lied geschrieben haben. Ja, du hast richtig gehört. Mein Opi hat das Lied selbst komponiert, den Text geschrieben, auf der Gitarre gespielt und zusammen mit meiner Omi gesungen. Außerdem konnte mein Opi sehr gut zeichnen. Als Kind dachte ich sogar, mein Opi wäre Gott, weil er nach der Beschreibung meiner Omi einfach alles konnte! Sie stellte ihn auf ein Podest, das er bis zu ihrem Tod auch nicht wieder verlassen hat. Er wurde sogar mit den Jahren immer toller, nur wusste ich irgendwann, dass er auch »nur« ein Mensch war.

Als ich 14 war, zogen wir in Omis Haus. Meine Urgroßeltern wohnten vor ihrem Tod im Erdgeschoß. Meine Omi freute sich, dass sie nicht mehr alleine in dem Haus wohnen musste. Mit der pubertierenden Tina kam sie allerdings nicht so klar. Aber sie wollte immer überall dabei sein. Meine Freunde mochten sie und sie war ein gern gesehener Gast auf jeder Party. Anfangs war das ja noch ganz witzig, aber irgendwann war es selbstverständlich und wenn ich verabredet war, saß Omi schon ausgehfertig in der Jacke, mit Handtasche bewaffnet parat. Wenn ich dann gesagt habe, dass ich mich heute mal alleine mit meinen Freunden treffen will, war sie beleidigt: »Nein, nein, ich versteh' das. Bin ja ein altes Weib. Was wollt ihr schon mit mir? Geh' und hab' Spaß (schnief).« Wie ich es gehasst habe! Mit 19 Jahren konnte ich ohne schlechtes Gewissen gar nicht mehr alleine aus dem Haus gehen.

Wenn ich Besuch bekam, musste der an Omis Wohnung vorbei und wurde für ein Schwätzchen abgefangen. So war es auch an diesem Abend im September 1994. Mein damaliger Freund kam zu Besuch. Meine Omi hatte schon ein paar Bierchen intus und erzählte uns kettenrauchend einen Witz nach dem anderen.

Mitten in ihrer Ausführung kippte sie zur Seite auf das Ecksofa. Wir dachten, das würde zum Witz gehören. Meine Omi erzählte immer mit dem ganzen Körper. Als sie da liegen blieb und sich nicht mehr regte, stand ich auf und sah, dass ihre Augen weit aufgerissen und ihre Lippen blau waren. Sie atmete nicht mehr. Mein Freund hatte zuerst die Fassung wiedergefunden und rief den Notarzt. Komplett überfordert kramte ich in meinem Gehirn nach Erste-Hilfe-Maßnahmen, die ich zwei Jahre zuvor für den Führerschein gelernt hatte. Völlig planlos fing ich an, eine Herzmassage durchzuführen und konnte mich beim besten Willen nicht an den genauen Rhythmus erinnern. Wie von Sinnen drückte ich in regelmäßigen Abständen abwechselnd auf ihren zierlichen Brustkorb und spendete ihr Atem. Als der Notarzt mit den Rettungsassistenten endlich da war, stellten sie erstmal den Couchtisch zur Seite, platzierten meine Omi auf dem Boden und teilten mir mit, dass meine Herzmassage auf weichem Untergrund wenig gebracht haben dürfte. Oh Gott, wenn meine Omi starb, war ich schuld, schoss es mir sofort durch den Kopf. Die Wiederbelebungsversuche dauerten ewig, waren aber erfolgreich. Ihr Herz schlug wieder. Ein warmer Strom der Erleichterung durchströmte meinen Körper. Als sie aufwachte, war sie nicht mehr dieselbe. Sie erkannte uns nicht mehr, konnte nicht mehr essen oder laufen. Durch die Reanimation ist das Blutgerinnsel, das sich um ihr Herz angesammelt hatte, in ihr Gehirn geschossen, um sich dort festzusetzen. Nach drei Monaten schloss sie daheim in ihrer Stube, wo wir sie pflegten, ihre Augen für immer. So wollte sie bestimmt nicht gehen. Gut, wer würde das schon wollen? Als Pflegefall komplett auf die Hilfe anderer angewiesen, sich in den wenigen bewussten Momenten nach dem erlösenden Tod sehnen. Sie hatte mir mal das Versprechen abgenommen, dass ich den Stecker der lebenserhaltenden Maschinen ziehe, sollte sie jemals in die Lage kommen. Das konnte ich nicht. Lange musste ich daran denken, dass ich ihr diesen Wunsch nicht erfüllen konnte. Irgendwann begriff ich zum Glück, dass ich die Verantwortung dafür auch nicht übernehmen konnte und dass ich dieses Schuldgefühl loslassen und nach vorne schauen muss.

Das Leben, das du vor dir hast, ist so viel wichtiger, als das, das hinter dir liegt.
(Lieblingsmensch)

Strafe oder Geschenk?

Oder vielleicht nur eine Aufgabe?

Die Menschen in deiner Umgebung erfüllen immer einen bestimmten Sinn. Wenn sie nicht zu deiner Unterstützung oder Belustigung in deinem Leben sind, dann zur Förderung deiner persönlichen Weiterentwicklung. Manche findet man aber auch nur nervig. Du kennst bestimmt die Sorte Mensch, die sich immer ins Spiel bringt – egal um welches Thema es gerade geht. Man nennt sie auch Ichheimer. Zumindest nenne ich sie so. Das sind genau dieselben, die dich nur aus Höflichkeit kurz fragen, wie es dir geht, gar nicht zuhören und so schnell wie möglich wieder auf sich zu sprechen kommen. Das ist dieselbe Sorte, die dich im Laufe des Gesprächs nichts mehr fragen und das Gespräch ins Stocken geraten würde, wenn du nicht weitere Fragen stellen würdest. Ichheimer sind nicht automatisch auch Energie-Vampire, das kommt aber auch nicht selten vor.

Oder die Fischer. Sie sind der oben genannten Art sehr ähnlich. Bei ihnen kommt dann noch dazu, dass sie ständig darüber erzählen, wer sie alles angesprochen, angebaggert, begehrt, bewundert, toll, schön, jung und sexy gefunden hat. Hungrig nach Bestätigung lassen sie diese Geschichten auch in unpassenden Momenten ins Gespräch einfließen, bis man endlich zugibt: »Das stimmt, du siehst wirklich super aus für dein Alter«, oder »Das glaube ich dir, dass du nicht mal einkaufen gehen kannst, ohne angeflirtet zu werden« Oder die Fischer bevorzugen die negative Formulierung, die dasselbe Ergebnis verfolgt. Sie sagen zum Beispiel: »Ach, ich bin so dick, kein Wunder, dass mich niemand toll findet« Wenn man darauf nicht sowas Ähnliches wie: »Ach was, du bist doch nicht dick und jeder findet dich toll« entgegnet, kann es passieren, dass man den Rest des Abends ein Flunschgesicht vor sich hat. Ich persönlich würde mich in diese Kategorie einordnen. Zumindest früher. Seit immer seltener Widerreden kommen, wenn ich sage, dass ich alt und dick bin, habe ich mir das weitgehendst abgewöhnt.

Dann gibt es noch die Aufrechner, die sich immer genau merken, wenn sie sich schon beim letzten Mal oder öfter bei dir, als du dich bei ihnen gemeldet haben. Das ist wirklich anstrengend! Wenn ich an einen Menschen denke und wissen will, wie's ihm geht, dann melde ich mich bei ihm.

Zu guter Letzt gibt es natürlich noch die Frustsucher, die selber absolut desillusioniert und unzufrieden mit ihrem Leben sind, dass sie anderen auch nicht das kleinste bisschen Glück gönnen. Sie suchen bei den anderen nach Fehlern, Makeln und Unglück, um sich selber besser zu fühlen.

Inzwischen gab es eine Handvoll Menschen aus einer der oben genannten Kategorien, die mir so sehr das Scheitern wünschten wie den erlösenden Rülpser nach einem großen Glas Cola. Es konnte doch nicht sein, dass ich so viel veränderte und dass es auch noch gut ging! Mein gewohntes Umfeld und die »sichere« Festanstellung verlassen, eine neue Theatergruppe gründen und dann auch noch auswandern – das ging vielen zu weit! Aus meinem neuen Blickwinkel konnte ich fast schon körperlich fühlen, wie manche darauf warteten, endlich die Nachricht zu erhalten, dass meine Pläne nicht gut für mich ausgingen. Wie kreisende Geier um totes Fleisch.

Das ist gar nicht gut fürs Mindset und ich wünschte, es wäre mir egal, was andere denken. Vor allem, was Leute denken, die gar nicht gut für mich sind, die mir Unglück wünschen, nur weil sie frustriert und nicht in der Lage sind, ihre Komfortzone zu verlassen. Wie geht denn das? Gibt es einen Schalter, der das ausknipst? Wenn ja, muss ich den unbedingt noch finden!

Die Reise nach Deutschland war eine Reise in die Vergangenheit, auch wenn sich das viel länger her anhört, als es war. Ich spürte die Erwartungshaltung von vielen Freunden und Verwandten. Würde ich wieder in meine alten Muster zurückfallen und versuchen, es allen recht zu machen? Würde ich mich wieder verbiegen, um von allen gemocht zu werden? Es kam mir vor, wie eine Prüfung. Hatte ich mich weiterentwickelt? Konnte ich inzwischen bei mir bleiben und mich gegenüber Energie-Vampiren besser abgrenzen?

Ich bin überzeugt davon, dass einem immer die richtigen Menschen zur richtigen Zeit über den Weg laufen. Manche bleiben nur ein Weilchen. Das sind diejenigen, die eine Aufgabe für dich darstellen oder du für sie, an der alle Beteiligten wachsen können. Sie blieben oder gingen. Und manche, die nicht blieben, waren trotzdem ein Geschenk, mit oder ohne Aufgabe.

Tante Nini war meine engste Freundin, als die Jungs noch ganz klein waren. Mit ihr zusammen hat einfach alles Spaß gemacht. Sie war für alle Schandtaten zu haben. Eine Frau zum Pferde stehlen. Zum 50. Geburtstag meiner Mama haben wir die Weather Girls performt. Ausgestopft mit Kissen, bestückt mit Turban, Schmuck und üppiger Schminke, haben wir zu »It's Raining Men« Playback gesungen. Nach dem Auftritt meinte meine Oma bewundernd: »Also des muss i saga, senga kennat'r.«

Unser Auftritt kam so gut an, dass wir sofort nach dem Auftritt von einem Geburtstagsgast für eine Weihnachtsfeier gebucht wurden. Es sprach sich herum und wir waren ganz gut unterwegs. Unsere Wege liefen leider nicht in dieselbe Richtung, aber ich denke sehr oft an sie. Sie blieb nicht, war aber ein Geschenk

Mit Bitter-Katja aus meiner MordsCrew hatte ich eine Zeitlang tatsächlich auch eine engere Bindung. Ich hatte oft das Gefühl, dass sie mich nur mochte, wenn es mir nicht gut ging, ich Pickel oder zugenommen hatte. Dann hat sie sich besser gefühlt und war viel netter. Man soll ja sein Licht nicht unter den Scheffel stellen, nur weil es andere blenden könnte, aber ihr gegenüber habe ich das oft getan. Ich wollte nicht, dass sie sich in meiner Gegenwart schlecht fühlt, oder sie gar neidisch auf mich ist. Weshalb sollte sie auch? Ich hatte nichts, das sie nicht hatte und außerdem war sie viel schlanker als ich. Vermutlich war es nur mein Drang zur Weiterentwicklung, der sie provozierte. Ich hielt ihr den Spiegel vor. Wie viele, lebte sie von Wochenende zu Wochenende, von Urlaub zu Urlaub und freute sich auf die Rente. Weil meine Eltern ihr Rentenalter gar nicht erlebt haben, beschloss ich jetzt schon zu leben und tat einfach viele Dinge, von denen sie nur träumte. Sie blieb nicht, war aber eine Aufgabe.

Während meiner Zeit beim Roten Kreuz war ich ganz dicke mit Männer-Fan-Gabi. Männer spielten in ihrem Leben immer eine große Rolle, wenn nicht sogar die größte.

Ich habe mich sofort mit ihr verstanden. Meine Sprüche amüsierten sie und das gefiel mir. Wir haben uns gegenseitig den Arbeitsalltag versüßt und uns gegenseitig die Herzen ausgeschüttet. Wir konnten zusammen weinen und lachen. Einmal sogar so sehr, dass mir Kaffee zu den Nasenlöchern rauskam. Das war während eines Seminars, das wir gemeinsam besuchten. Die Referentin hat ausgesehen und gesprochen wie »Beaker« von den Muppets. Männer-Fan-Gabi saß neben mir und hatte wohl denselben Gedanken wie ich. Als sie dann »Mimimi« auf ihren Block schrieb, nahm ich gerade einen großen Schluck Kaffee. Sie schob mir den Block hin und ich konnte mich nicht mehr halten. Ich prustete los und der Kaffee schoss mir zu den Nasenlöchern raus. Zielsicher landeten die Kaffeespritzer auf der Bluse der Referentin, die zufällig in dem Moment direkt vor mir stand. Sie riss schockiert die Augen auf. Gut, da würde ich auch blöd gucken. Männer-Fan-Gabi hielt sich den Bauch vor Lachen. Die anderen Seminarteilnehmer waren sich uneinig, ob sie mitlachen oder entsetzt den Kopf schütteln sollten. Ich konnte mich nicht mehr beruhigen. Kaffee, Tränen und Rotze liefen ungebremst an mir runter. Sicherheitshalber verließ ich erstmal den Raum, damit sich die Wogen wieder glätten und ich mich säubern konnte.

Ja, das war eine schöne Zeit. Als ich dann beim Theater arbeitete, haben wir uns fast nicht mehr getroffen. Sie war mal wieder in einen Typen verliebt und ich in meine neue Aufgabe. Ihr Lebensgefährte kam noch vor ihren Kindern. Leider hat sie sich immer ganz für die Typen aufgegeben und war dann nicht mehr sie selbst. Das fand ich schade und konnte das auch nie nachvollziehen. Sie konnte dafür nie verstehen, dass ich mich so schwertat, meine Jungs loszulassen. Ich denke, dass dieses gegenseitige Unverständnis uns letztlich in unterschiedliche Richtungen geführt hat. Sie blieb nicht, war aber Geschenk und Aufgabe.

Zum Glück gibt es da noch die neuen Freunde in Zypern, die bisher alle ein Geschenk sind. Welche Aufgabe sie haben, wird sich noch herausstellen. Manche Menschen haben nur die Aufgabe, dich zu beeindrucken, zu inspirieren oder wachzurütteln. Dir zu zeigen, dass es immer an dir liegt, wie du mit deinem Leben umgehst und nur du alleine, Dinge, Menschen, Erlebnisse und Situationen bewertest. Ich habe in Zypern einen Mann kennengelernt, der bei einem Autounfall sein Bein verloren hat und seither eine Prothese trägt. Er hadert aber nicht mit seinem Schicksal. Im Gegenteil, mir ist selten ein so positiver und lebensfroher Mensch wie er begegnet. Genau wie eine Kabarettistin, deren Premiere ich 2018 im Theater betreuen durfte. Wir haben uns einfach so toll verstanden, dass wir den Kontakt hielten und uns anfreundeten. Ihre vergangenen Jahre waren von richtig harten Schicksalsschlägen geprägt und es begeistert mich, wie sie damit umgeht und ihren Alltag mit so viel positiver Energie und Kreativität lebt. Tag für Tag. Es gibt nur wenige Menschen, die mich dermaßen umhauen!

Und dann gibt es ja noch die »alten« Freunde, die blieben. Seit über zwanzig Jahren ist meine Billemaus eine meiner engsten Freundinnen. Sie ist wie warmer Vanillepudding, so getröstet und geborgen fühle ich mich in ihrer Gesellschaft. Die ersten neun Jahre in Tratschburg war sie meine Nachbarin. Ihre jüngste Tochter ist ein Jahr älter als meine Jungs. Die drei waren zusammen im Kindi und haben auch mittags und am Wochenende oft miteinander gespielt. Wir Mütter kamen dann während der Spielaufsicht ins Quatschen und gar nicht selten holte dann eine von uns am späten Nachmittag eine Flasche Sekt und wir stießen schon mal auf den bevorstehenden Feierabend an. Manchmal passierte es, dass wir unseren Kindern dann mit schwerer Zunge die Gute-Nacht-Geschichte vorlasen. Weil wir zum Ratschen immer auf ihrer Bank vor der Scheune saßen, haben wir unsere Treffen »Bänkle-Sessions« genannt und die finden auch heute noch statt, wenn ich in Deutschland bin. Nicht mehr so oft und ohne Kinder, weil die jetzt schon ohne Beaufsichtigung spielen können, aber sonst genau wie früher. Wir sind in vielen essenziellen Dingen einer Meinung und tolerieren die anderen.

Meine liebe Freundin Dafne ist eher ein Familienmitglied. Ich habe sie von meiner Mama quasi geerbt. Sie war ihre beste Freundin. Sie haben sich bei einem Single-Stammtisch kennengelernt, den meine Mama damals ins Leben gerufen hatte. Dafne hatte leider auch Pech mit ihrem Ehemann. Der Herr Professor wollte keine Kinder. Sie wollte schon, verzichtete aber ihm zuliebe. Als er dann versehentlich eine seiner Studentinnen geschwängert hat, ließen sie sich scheiden. Ach ja, der Herr Professor hat inzwischen vier Kinder. Für Dafne war es unglücklicherweise zu spät, ihrem Kinderwunsch noch nachzukommen. Wofür das gut war? Wer weiß? Bei dieser Geschichte kenne ich die Antwort nicht. Wir sehen uns nicht oft, telefonieren aber mindestens einmal pro Woche. Enttäuscht von den Männern lebt sie alleine und setzt sich in ihrer Freizeit ehrenamtlich für bedürftige Menschen ein. Sie hat immer ein offenes Ohr und hört sich mein Geschwafel auch zum achtundachtzigsten Mal an, wenn ich noch nicht darüber weg bin.

Dann gibt es noch vier Ex-Kolleginnen aus dem Theater, zu denen ich heute noch Kontakt habe. Ich nenne sie meine »Theater-Schätze«. Wir sind alle total unterschiedlich, verstehen uns aber prima. Eine hat eine Erotik-Boutique vom Feinsten, eine ist freie Journalistin und schreibt geniale Texte, eine bringt ihre Erfahrung jetzt im Jazzverband ein und die Vierte macht Allerlei. Sie ist halb selbstständig, halb angestellt und organisiert Projekte. Mit ihrer energiegeladenen Art erinnert sie mich an einen Flummi. Sie redet sehr schnell und oft beendet sie den Satz nicht, weil sie schon zum nächsten Thema springt. Man muss sich wirklich konzentrieren, ihr zu folgen und meistens bleibt das Ende einer Geschichte offen. Ich mag ihre Herzlichkeit und dass sie immer großzügig mit Komplimenten um sich wirft. Ein Abend mit meinen Theater-Schätzen ist wie eine Dusche in der warmen Frühlingssonne. Danach sind alle Selbstzweifel dahin. Zumindest, bis sich mein altes Muster wieder ausbreitet und jeden kritischen Satz aufsaugt wie ein Schwamm. Gut, dass es Menschen wie sie gibt. Dem Theater sei Dank!

Dann sind da noch Pedro und Pat, die beiden Schönheiten. In ihrer Gegenwart fühle ich mich auch wie eine. Einfach, weil sie mich so behandeln. Oder die drei Freunde, die mir aus der Zeit mit meiner Hobby-Theatergruppe geblieben sind. Wir haben zwar nur circa einmal pro Jahr Kontakt, es ist aber trotzdem jedes Mal so, als hätten wir erst gestern gequatscht. Oder ein Ex-Kollege vom Roten Kreuz, der mir das Gefühl gibt, die tollste Frau der Welt zu sein. Natürlich nach seiner Frau.

Manche »alten« Freunde sind enttäuscht, weil man die alte Rolle nicht mehr spielen will, weil man nicht mehr so funktioniert, sich nicht mehr aussaugen lässt. Es stimmt: Freunde sind die Familie, die man sich aussuchen kann. Es gibt zwei Arten von Menschen: Mit den einen verlierst du deine Zeit und mit den anderen verlierst du das Gefühl von Zeit. Freunde sollten auf jeden Fall zur zweiten Art gehören, sonst läuft was schief.

Anders ist das mit der buckligen Verwandtschaft. Die kann man sich nicht aussuchen. Zu meiner Dodo hatte ich immer ein liebevolles Verhältnis. Vielleicht, weil sie die Schwester meiner Mama ist? Seit ich in Zypern lebe, ist der Kontakt leider eingeschlafen. Nun gut, das muss man akzeptieren. Welche Rolle ich bei vielen Leuten hatte, ist mir erst aufgefallen, seit ich in keinem Drama mehr mitspiele. Mit der Tina, die erstmal nach sich selber schaut, können sie nichts anfangen. Dafür habe ich jetzt eine intensivere Verbindung zu meinem Cousin als zuvor. Er ist cool. Er erfüllt ebenso wenig die Erwartungen anderer. Er weigert sich schon viel länger und ist deshalb viel geübter als ich. Ich bin froh, dass ich ihn habe. Er ist stolz auf mich und das bedeutet mir sehr viel!

Die Verwandtschaft auf der Seite meines Vaters ist weitaus komplizierter. Meine Oma ist fast 90 und sieht aus wie 70. Mein Opa ist schon mit 62 gestorben. Sie hat seit langer Zeit einen italienischen Liebhaber, der 10 Jahre jünger ist als sie und jeden Tag für sie kocht. Das klingt romantisch, leider weiß meine Oma das nicht zu schätzen. Sie gehört zu der Sorte Mensch, die nur das Schlechte sehen und nur Probleme haben. Es wundert mich ehrlich gesagt, dass man mit dem Mindset so alt werden kann. Genauso wie ihre Tochter, die Schwester meines Vaters. Mit einer schlechten Laune, die sich in ihrem Gesicht abzeichnet, geht Adelheid schon immer durchs Leben. Sie hat sich nie für mich interessiert, obwohl sie meine andere Patentante ist und ich ganz objektiv betrachtet ein süßes Kind war. Mit meinem Vater hat sie sich auch erst verstanden, als er sich nicht mehr wehren konnte und im Sterben lag. Da hat sie ihn täglich in der Klinik besucht. Da bin ich ihr auch nach vielen Jahren wieder begegnet und verstand mich gut mit ihr.

Vier Monate nach dem Tod meines Vaters fand die Konfirmation meiner Jungs statt. Wir haben mit den engsten Verwandten und Freunden daheim gefeiert. Adelheid war nicht eingeladen. Warum auch? Sie kannte meine Jungs kaum. Das musste ich mir vorwurfsvoll von meiner Oma anhören: »Woisch Tina, d'Adelheid hädsch scho eilada müssa. Se hot doch ihr Brudr verlora.« Achso, wenn das so ist. Mein Fehler. Ich rief Adelheid an: »Hallo Adelheid, hier ist Tina, die Tochter deines Bruders. Ich habe von deiner Mutter gehört, dass du verärgert bist, weil du nicht zur Konfirmation unserer Jungs eingeladen warst.« Adelheid beschwichtigte: »Ach was, vergiss es. Ich dachte nur, dass uns der Tod meines Bruders zusammengeschweißt hätte und wir eine Familie sind.« »Wie? Jetzt plötzlich? Du kennst doch meine Jungs gar nicht. Es lag mir fern, dich zu verletzen. Ich wusste schlichtweg nicht, dass dir das wichtig gewesen wäre, dabei zu sein«, entschuldigte ich mich. »Wie gesagt, lass es gut sein. Ich habe jetzt auch gar keine Zeit, mit dir zu telefonieren. Wir haben einen Hundewelpen und ich muss jetzt nach ihm schauen.« »Ok, tschü....«, brachte ich noch raus, dann klickte es in der Leitung. Kurz danach habe ich über mehrere Ecken erfahren, dass Adelheid einen Anwalt eingeschaltet hat, um die Erbfolge anzufechten. Weil mein Vater tot ist, rücke ich quasi nach und erbe gleichgestellt mit ihr, wenn meine Oma stirbt. Das war mir gar nicht klar. Viel gibt es da eh nichts zu Erben. Oder doch? Keine Ahnung. Jetzt weiß ich zumindest, dass Adelheid entgegen dessen, was sie mir gesagt hat, doch immer noch recht böse auf mich ist.

Meine Schwiegermutter ist robust, wie ein kräftiger Eintopf. Sie scheint nichts und niemand umzuhauen. Anfangs hatten wir so unsere Probleme. Ich hatte immer das Gefühl, in ihren Augen alles falsch zu machen. Als ich kapierte, dass das mehr mit ihr als mit mir zu tun hat und dass ich es nicht falsch, sondern eben anders mache als sie, ließ ich los. Seither passt es zwischen uns. Mein Schwiegervater ist ein drolliger Mann, der eine große Leidenschaft für Rotwein, Fotografie, Fahrradfahren und Philosophie hegt. Ich habe ihn von Anfang an ins Herz geschlossen hatte. Als Marc mich ihm vorstellte, sagte er: »Na, da haste ja mal ‚ne hübsche Freundin.« Was soll ich sagen? Ich bin einfach zufriedenzustellen.

Marc hat eine zwei Jahre ältere Schwester und einen 13 Jahre jüngeren Bruder. Heike ist mit Claus schon seit Ewigkeiten verheiratet. Sie waren lange kinderlos und total vernarrt in unsere Jungs, als sie noch klein waren. Wir haben viel zusammen unternommen. Nachdem ihre Tochter vor 12 Jahren geboren wurde, hat sich das Verhältnis zwischen uns verändert. Claus sagte zu mir »Kindererziehung ist ganz einfach. Wir müssen es nur anders machen als ihr, dann ist alles gut.« Das habe ich ihm lange übel genommen. Aber inzwischen kann ich darüber stehen, weil ich weiß, dass er einfach nur witzig sein wollte. Mich hatte es damals getroffen, weil vor allem Loui zu dem Zeitpunkt tatsächlich in einer miesen Lage steckte und man sich als Eltern dann ja auch immer fragt, was man falsch gemacht und ob man seinem Kind nicht ausreichend Aufmerksamkeit entgegengebracht oder Grenzen gesetzt hat. Heute sind wir wieder feinerle miteinander – fast wie früher.

Marcs kleiner Bruder Jörn war gerade mal 10 Jahre alt, als ich Marc kennenlernte. Das Verhältnis zwischen den beiden Brüdern war immer gut, auch wenn sich seit der Geburt von Jörns erster Tochter viel verändert hat. Kurz vor unserer Auswanderung kam es wie aus dem Nichts zu einem Zerwürfnis, als Jörn seinen großen Bruder am Telefon anschrie und ihm Vorwürfe machte, dass er sich nicht für seine mittlerweile beiden Töchter interessiere. Auch wurde meine Abwesenheit bei einigen Familienfestlichkeiten angeprangert. Nach dieser Vorwurfsattacke war Marc wie vom Donner gerührt. Er konnte sich nur verteidigen und beteuerte, dass er nicht wusste, was seine Erwartungen waren. Er gelobte Besserung. Das gelang ihm leider nicht, weil es dann aus der Ferne schwierig war, eine Beziehung zu seinen Nichten aufzubauen. Trotzdem haben wir es möglich gemacht, zur Taufe seiner zweiten Tochter zu erscheinen. Ich hatte sogar Nino dazu überredet, mitzukommen, obwohl Jörn und seine Frau noch nie gefragt hatten, wie es ihm so geht, als junger Selbstständiger mit seinem Pizza-Laden, von der Familie alleine zurückgelassen. Interesse ist eben keine Einbahnstraße. Auf der Fahrt zur Taufe haben wir uns im Auto gute Laune mit »Because Of You« von Ne-Yo angesungen. Es schien fast, als hätten wir die Kurve gekriegt. Zu früh gefreut. Den vereinbarten Besuch im darauffolgenden Dezember konnten wir nicht einhalten, weil wir krank waren. Das wurde von Jörn und seiner Frau sofort mit dem Austritt aus der Familien-WhatsApp-Gruppe bestraft. Auch meine

Entschuldigung, ihre Erwartungen nicht erfüllt zu haben, konnte nichts mehr retten. Aber das ist ein Ding zwischen den beiden Brüdern. Ich bin ja ein ganz großer Fan davon, dass man mir sagt, was man von mir erwartet. Bitte *bevor* man beleidigt ist! Die Kristallkugel ist mir nämlich abhandengekommen. Ich war ihn so leid, diesen Drang, es jedem recht machen zu wollen. Lange habe ich nicht begriffen, dass mich nicht jeder mögen muss und dass es reicht, wenn es die Richtigen tun. Und Erwartungen sind sowieso nur dazu da, nicht erfüllt zu werden.

Es gibt kein zufälliges Treffen. Jeder Mensch in unserem Leben ist entweder ein Test, eine Strafe oder ein Geschenk.
(Theo Lingen)

Zwischen Bühnenlust und Coronafrust

Die Haut vom Nachtschweiß feucht und mit Gänsehaut überzogen, lag ich im Bett. Forsch und zärtlich zugleich ließ er seine sinnlichen Lippen über die Innenseite meiner Schenkel gleiten. Das intensive Pochen zwischen ihnen spitzte meine Nippel. Ich konnte es kaum erwarten, ihn gleich in mir zu spüren. Behutsam legte er sich zwischen meine Beine, kam mit seinen Lippen ganz nah an mein Ohr und flüsterte: »Bum, bum, bum, bum« Augenblicklich war ich wach. Sein Furz ballerte im Rhythmus eines Maschinengewehrs los und riss mich unsanft aus meinem erotischen Traum. Ich brauchte ein paar Minuten, um mich zu orientieren. Es roch nach Pfefferminzöl. Aha, Marc hatte Kopfschmerzen. Kein Wunder. In letzter Zeit zelebrierten wir die Sonnenuntergänge täglich mit einem ordentlichen Sundowner oder zwei. Damit musste Schluss sein. Es war Sonntag, als wir entschieden, eine Alkoholpause einzulegen. Schließlich hat das Zeug ja auch Kalorien ohne Ende. Der Bauchfett-Check sagte mir, dass es an der Zeit war, auf die Bremse zu treten. Zu viel Halloumi, zu viel Wein, zu viel Erdnüsse (pikant geröstet) und das in unserem Alter. Bei meiner Oberweite musste ich mich entscheiden, ob ich die Schätzchen lieber weiter unten trage oder sie hoch schnalle. Vor allem, wie weit ich sie nach oben hefte, ist entscheidend. Zu hoch, verstärkt dann nämlich mein Doppelkinn.

Ganz verstehen konnte ich es trotzdem nicht. Schließlich trieb ich regelmäßig Sport und ging zusätzlich mit

Marc sportzieren[24]. Wohlgemerkt, obwohl mein innerer Schweinehund, der übrigens Giovanni heißt, lieber am Pool liegt, Weißwein trinkt und Erdnüsse mampft. Aber ich weiß natürlich auch nicht, wie es ohne wäre. Außerdem reicht Sport alleine ab einem gewissen Alter wohl nicht mehr aus.

Da ich eine diät-geschädigte Mutter hatte, kam das für mich aber auch nicht infrage. Nach all den Jahrzehnten und zig Diäten, weigerte sich ihr Stoffwechsel und stellte die Arbeit komplett ein. Deshalb sagte sie immer zu mir: »Fang bloß nix o, was de ed treiba kosch.« Es musste also

---

24 *Sportzieren ist so schnelles Spazierengehen, dass es als Sport durchgeht*

eine Ernährungsumstellung her, die auf Dauer umsetzbar ist. Ich weiß gar nicht, wie viel ich wiege. Als ich das letzte Mal eine Waage betreten musste, war das nicht freiwillig. Die Dame bei der Untersuchung vor meiner OP wollte wissen: »Wie viel wiegat se denn?« Ich schätzte mein Gewicht, was sie mir aber nicht abnahm und deshalb im Befehlston auf eine Personenwaage zeigte:» Standat se mol do druff«. Es hat mich fast der Schlag getroffen, geradezu traumatisiert war ich in diesem Moment. Deshalb habe ich beschlossen, nie wieder freiwillig eine Waage zu besteigen.

Gewichtsunabhängig wollte ich mich aber trotzdem wieder wohlfühlen in meiner Haut und vielleicht mal wieder einen Bikini tragen. Immerhin lebte ich in einem Land, wo acht Monate lang Sommer ist und außerdem war ich früher Vorführmodell bei einem Unterwäschehersteller. Ich absolvierte dort meine kaufmännische Ausbildung und verdiente mir mit meiner Mustergröße damit ein paar Mark nebenbei. Die Tatsache, dass ich damals noch keine Euros verdiente, sagt ja, wie lange das her ist. Ich war auch keine 20 mehr, liebte Pasta, Wein und Erdnüsse, irgendwann muss man sein Strickmuster auch mal akzeptieren und Badeanzüge sehen ja auch schön aus.

Die berufliche Situation wurde immer noch von Corona bestimmt und verdarb alles. Trotzdem versuchte ich, das Mords-Musical auf die Bühne zu bringen und musste dann fast jeden Spieltermin absagen. Jedes Mal davor habe ich wie bescheuert die Werbetrommel gerührt, Facebook-Anzeigen aufgegeben, Flyer drucken lassen. Geld und Zeit investiert und dann, wums, musste die Vorstellung wieder abgesagt werden, weil sich von einem Tag auf den nächsten Mal wieder die Regelungen geändert haben. Das war jedes Mal ein Gefühl, wie mit 180 Sachen gegen eine Wand zu donnern. Ich redete mir ein, dass es gut sei, zu planen, alles zu versuchen und dann zur Not lieber abzusagen. Das Problem war nur, dass die psychische Energie einem da irgendwann einen Strich durch die Rechnung macht. Außerdem waren die Darsteller verständlicherweise auch nicht begeistert darüber, ständig für Vorstellungen zu proben, die dann doch nicht stattfanden. Ganz zu schweigen von den Terminen, die sie sich umsonst frei hielten. Die aktuelle Situation spiegelte sich in ihren Augenringen wider.

Es war Dienstag, 19:30 Uhr als ich mir nach einem harten Tag erstmal eine Weißweinschorle einschenkte. Der Beschluss, eine Alkoholpause einzulegen, war gerade mal zwei Tage alt. Aufgrund der Umstände entschied ich, dass es auch Ausnahmen geben muss. Der »Ausnahme-Dienstag« war geboren und wurde zur Regel. Zuversichtlich, dass das Gastspiel in Zypern klappen würde, freute ich mich darauf und beklebte hemmungslos die Fenster der Supermärkte mit unseren Plakaten. Die Locations wurden mit Flyern und Eintrittskarten zum Direktverkauf ausgestattet. Ich war ständig unterwegs an allen möglichen Stammtischen, um unser Sundowner-Crime-Musical zu bewerben. Eine Vorstellung sollte speziell für die deutsche Community in der deutschen Originalversion stattfinden. Flüge und Unterkünfte waren gebucht und da die Regelungen für Veranstaltungen im Außenbereich in Zypern lockerer waren als in Deutschland und wir auch keine Angst vor Regen haben mussten, stand dem Gastspiel nichts im Weg.

Fünf Wochen vor dem ersten Auftritt erhielt ich einen Anruf. Es war Tom, einer der Darsteller. Er teilte mir mit, dass er es sich anders überlegt hatte und nun doch nicht nach Zypern reisen möchte. Das sei ihm auch zu gefährlich, weil man ja auch nicht wüsste, wie sich die Corona-Situation entwickeln würde. Am selben Tag schloss sich ihm die Kollegin an, die für Maya einsprang, die sich zu der Zeit in der Babypause befand. Sie hatte auch keinen Bock mehr und wollte eigentlich von Anfang an nicht. Ihr Freund konnte sie nicht begleiten und alleine wollte sie nicht nach Zypern. Überhaupt würde sie nie nach Zypern reisen, fügte sie noch hinzu.

An einem Tag und fünf Wochen vor Gastspielstart verloren wir zwei Darsteller. Ich konnte jetzt doch aber nicht alles abblasen. Außerdem waren die restlichen vier plus Techniker noch am Start. Was jetzt? Unser Darsteller-Pärchen Andrea und Andreas kannten viele Musicaldarsteller und wussten Rat. Sie gaben mir die Kontaktdaten von zwei möglichen Ersatz-Darstellern, die ich ohne zu zögern anrief. Ich hatte Glück und beide waren bereit, sich auf das Abenteuer einzulassen, innerhalb der kurzen Zeit sich die Rollen auf Deutsch und auf Englisch einzuprägen, einen Flug zu buchen und beim Gastspiel in Zypern dabei zu sein. Ich konnte mein Glück kaum fassen.

Zwei Wochen später wurde Zypern zum Corona-Hochrisiko-Gebiet erklärt. Die Flüge von der Hauptdarstellerin und des Technikers wurden storniert. Da war ich tatsächlich am Ende meiner Fantasie angelangt. Ich sagte das Gastspiel schweren Herzens ab. Inzwischen hatte ich ja Übung. Was war gut daran? Drei der Darsteller haben trotz des Ausfalls ihren Urlaub in Zypern verbracht. Wir hatten eine tolle Zeit mit Pedro und seinem Verlobten Pat, die in einem Apartment ganz in unserer Nähe untergebracht waren. Andrea und Andreas kamen nach ihrer

Zypern-Rundreise auch noch für die letzten drei Tage zu uns und wohnten in unserem Gästezimmer. Pedro baute mich mit den Worten auf: »Deine positive Energie, die du aussendest, kommt irgendwann zu dir zurück.«

Er ist nicht nur ein Schatz, sondern mir auch sehr ähnlich. Er meinte sogar, ich wäre die weibliche Interpretation von ihm. Wobei das nicht ganz stimmt. Er ist viel cooler und kann sich super abgrenzen. Das muss ich erst noch viel üben. Seit wir uns näher gekommen sind, bekomme ich immer ausreichend Komplimente und Schmuck. Pedro arbeitet nämlich bei La Toya. Als er mir das erste türkisfarbene Schächtelchen überreichte, meinte er: »Schöne Frauen brauchen schönen Schmuck.« Und Marc kommt mal wieder günstig davon. Er spart Geld für Schmuck und muss sein mager gefülltes Komplimente-Portfolio nicht anrühren. Wenn das Gastspiel stattgefunden hätte, wäre alles anders gelaufen und wir hätten uns vielleicht nicht so gut mit Pedro und Pat angefreundet. Ja Mama, des hot so solla sei.

> ***Erinnere dich daran, dass es manchmal ein großes Glück sein kann, NICHT das zu bekommen, was du wolltest***
> (Dalai Lama)

In den besten Jahren

Woran merkst du, dass du älter wirst? Zum Beispiel, wenn du zum 40. Geburtstag eines Bekannten eingeladen wirst, der viel jünger ist als du. Mein Akku ist viel schneller leer als früher und da hatte ich noch kleine Kinder, diverse Nebenjobs, ein zeitintensives Hobby, noch keine Putzhilfe und trotzdem immer Zeit für meine Freunde, meine Ehe, und dann ließen wir noch regelmäßig Partys steigen. Und heute? Heute schleppe ich mich nach einem ganz normalen Tag im Homeoffice gerade noch zum Herd, um was zu kochen und bin froh, dass es in Zypern schon um 20 Uhr dunkel wird, damit ich mir nicht so alt vorkomme, wenn ich um 21 Uhr schon im Bett liege. Gut, dafür bin ich auch morgens um 6 Uhr wach, denn lange schlafen geht auch nicht mehr. Egal, wann ich abends ins Bett gehe.

Das ist vermutlich mit Ende 40 eine typische Alterserscheinung. Außerdem ist meine Zündschnur genau einen blöden Kommentar zu kurz und die tiefen Tage, die ich in einem Motivationsloch verbringe, häufen sich. Weitere Hinweise bekomme ich von der Haut an meinem Hals. Der Faltenwurf erinnert an Dörrobst. Meine Brüste blicken mich hoffnungsvoll aus dem Spiegel an und fragen, ob sie so noch durchgehen. Die Haare auf meinem Kopf sind stumpf wie Schmirgelpapier und an den unmöglichsten Stellen, wie Kinn, Brust und großen Zehen sprießen immer mehr davon raus. Das ist so lästig wie Wespen beim Zwetschgenkuchen essen. Als wäre die Körperbehaarung, die ich eh schon habe, nicht genug.

Nach der Abnahme meines Gipses, den ich vier Wochen lang tragen musste, kam ein Rehbein zum Vorschein. Nicht mal Marc hat so viele Haare an den Beinen. Abgesehen davon, habe ich mittlerweile auch mehr Brustbehaarung als er. Dafür habe ich noch eine unreine Haut, die sich seit der Pubertät nur wenig verbessert hat. Wie war das nochmal mit dem Strickmuster?

Allerdings habe ich es auch nicht so mit Kosmetik und dem ganzen anstrengenden drumherum. Zu besonderen Anlässen will ich dann aber doch gut aussehen und dann fahre ich alles auf, was mein Schönheitsprodukte-Schrank so hergibt. Dann werden Gesicht, Hals, Dekolleté, Haare, Po und Arme gepeelt, gebürstet, gecremt, besprüht, abgedeckt, geglättet und festgezurrt. Alles hübsch der Reihe nach. Meistens ist das dann zu viel des Guten, sodass die Schminke abbröckelt oder nicht hält, weil ich davor drei verschiedene Masken (Anti-Pickel, Anti-Stress und Anti-Aging) hintereinander aufgelegt hatte. Nach Versuchen, meine Schlupflider wegzuschminken, sehe ich immer aus, als wäre ich gegen eine Tür gelaufen, obwohl ich die YouTube-Anleitung genau beachtet habe.

Auch Shaping-Unterwäsche schießt meistens am Ziel vorbei. Beim Hochziehen der Mieder-Unterhose schürfe ich mir beinahe die Hüften auf, quetsche meinen Unterbauch rein, der dann zwar flacher ist, mein Bauchfett aber dafür über der Hose raus ploppt. Nach der Aktion müsste ich eigentlich wieder duschen, weil es mir den Schweiß aus jeder Ritze raustreibt. Von meinem Babybauch habe ich nämlich immer noch was. Seit 24 Jahren hängt er nun so vor sich hin und will sich durch keinen Sport der Welt zur Straffung motivieren lassen. Sein Anblick erinnert ein bisschen an ein Sofakissen, das die Füllung verloren hat. Was soll's. Er hat ja einen guten Dienst erwiesen und mir die beiden größten Schätze geschenkt. Dann darf er jetzt auch ein bisschen abhängen.

Meinen Style habe ich auch noch nicht gefunden. Ich habe immer eine genaue Vorstellung oder sehe andere Frauen, die super aussehen in ihrem Style. Wenn ich den dann nachmache, sehe ich aus wie verkleidet. Oder es sieht tragisch aus, wie bei den Mittvierzigerinnen, die damit ausdrücken wollen, dass sie auf die 50 zugehen und damit nicht klarkommen. Style ist ebenso persönlich und individuell, wie die Person, die ihn trägt.

Ab jetzt manifestiere ich den Spruch von Coco Chanel: »Das Alter hat keinerlei Bedeutung. Man kann mit zwanzig hinreißend sein, mit vierzig charmant und den Rest seiner Tage unwiderstehlich« Mit dieser Einstellung klappt es vielleicht auch mit der Liebe in den besten Jahren.

Hat die Liebe ein Konto? Und wenn ja, kann man es überziehen? Oder können wir immer nur so viel erhalten, wie wir eingezahlt haben? Am Anfang ist alles feinerle. Rotwangig und mit klopfenden Herzen fällt man zu jeder Gelegenheit übereinander her und kann die Hände nicht voneinander lassen. Die große Liebe und dann? Wenn man Pech hat, darf man nachher nicht mal mehr mit auf die lebensrettende Holztür. Wenn du mit der Metapher nichts anfangen kannst, dann musst du den Film »Titanic« anschauen.

Dann kommt das Älterwerden noch dazu. Nicht alle finden die Veränderungen charmant. Wenn man gemeinsam im Bett liegt, kommt die Hand nicht mehr so oft rüber, dafür wird das Einschlafen von lauten Schlummerpupsen begleitet, wie ein knatternder Stinkeauspuff. Zum Thema älter werden, Wechseljahre und Sex habe ich mich kürzlich mal mit ein paar meiner neuen Freundinnen hier in Zypern ausgetauscht. Mina und ich sind ungefähr im selben Alter und litten zu dem Zeitpunkt auch beide unter dem großen Heulen, das einen ganz unerwartet überfallen kann. Ich berichtete, dass ich gelesen habe, dass Johanniskraut-Dragees helfen sollen, die Stimmungsschwankungen in den Griff zu bekommen. Doris, die schon über 60 ist, erzählte uns, dass sie nicht so sehr von Wechseljahresbeschwerden betroffen war und meinte, dass das auch ein bisschen Einstellungssache wäre und wie man darüber denkt. Wenn man Beschwerden erwartet, würden sie auch eintreten. »Wichtig ist auch, dass man sich trotzdem sexy fühlt«, meinte sie weiter. »Mein Benno spürt immer sofort, wenn ich untervögelt bin und sorgt für Ausgleich. Er weiß einfach genau, was ich brauche und geht komplett auf meine Bedürfnisse ein«, schwärmte sie. Die Glückliche, dachte ich und erwiderte unmotiviert: »Mhm, ich versuch's dann doch mal mit den Johanniskraut-Dragees.« Mina lachte zustimmend und sagte treffend: »Ja, das ist wahrscheinlich sicherer. Marc macht wahrscheinlich eher eine extra lange Radtour, wenn du schlecht drauf bist.«

Meiner Theorie nach gibt es die Kistenschlepper und die Rosenblütenstreuer. Marc ist ein Kistenschlepper. Wobei die Kiste für Websites erstellen, Flyer gestalten, Koffer tragen, einkaufen gehen, Spinnen beseitigen, Ideen unterstützen und Motivation in schweren Zeiten steht. Dafür darf ich bezüglich romantischer Einfälle oder Liebesbekundungen nicht viel erwarten. Ob mir die Romantik manchmal fehlt? – Absolut! Ob ich meinen Kistenträger gerne gegen einen Rosenblütenstreuer eintauschen würde?

– Niemals! Früher wollte ich einen Rosenblütenstreuer heiraten, der mich auf Händen trägt, mir liebes-bekundend jeden Wunsch von den Augen abliest und mir jeden Tag Komplimente um die Ohren streichelt. Eben mit Romantik bewaffnet bis unterm Pony.

Allerdings habe ich schon oft gehört, dass die Rosenblütenstreuer ihre Blüten auch ganz gerne großzügig woanders verteilen. Außerdem schleppen sie keine Kisten und ich für meinen Teil habe so viele, dass ich da klare Prioritäten setzen muss. Die gute Nachricht ist, dass auch Kistenträger dazu lernen können und durch ganz viel Motivation durchaus auf die Idee kommen, mal Rosenblüten zu verstreuen. Wichtig ist das dicke Lob am Ende der Romantik-Aktion, dann ist eine Wiederholung so gut wie sicher. Zudem brauchen Kistenträger klare Ansagen, möglichst ohne dabei Füllwörter zu benutzen, denn die verwirren sie nur.

Heutzutage ist es ja auch nicht mehr leicht, ein perfekter Partner zu sein. Von beiden Geschlechtern wird alles erwartet. Frauen sollen Karriere machen und Kinder kriegen. Die Kinder aber nicht in eine Betreuung geben, die Karriere aber trotzdem nebenbei irgendwie aufrechterhalten. Dabei sollten sie schlank sein, natürlich aber trotzdem gerne leidenschaftlich essen. Wer will schon mit einer schlecht gelaunten Diät-Zicke zusammen sein? Neben Beruf und Kindern soll sie super aussehen, ohne viel Geld für Kosmetik oder gar Botox und Konsorten auszugeben – versteht sich. Sie soll sportlich sein, aber nicht zu muskulös. Sie soll nicht klammern, aber auch nicht so viel unterwegs sein. Der Haushalt muss ja schließlich auch noch erledigt werden. Und wenn das getan ist, soll sie noch eine verführerische Liebhaberin sein, völlig anspruchslos, die Romantik betreffend und selbstverständlich fantasievoll, kreativ, immer frisch rasiert und duftend.

Den Männern geht es nicht viel besser. Sie müssen heute ein toller Papa sein, trotzdem viel Asche heimbringen. Verständnisvoll, aber bitte trotzdem leicht machomäßig. Je nach Laune, wie Frau es eben braucht. Sie sollen im Haushalt helfen, kochen können, ihren Frauen jeden Wunsch von den Augen ablesen, den Kindern abends vorlesen und beim Vater-Kind-Samstag und Hüttenbau-Aktionen im Kindi präsent sein. Aber bitte zwischendurch noch Zeit für das Sixpack-Training finden.

Wir haben zum Glück vieles von dem oben beschriebenen Theater schon hinter uns und mittlerweile unsere Rollen in der Beziehung gefunden. Kompromisse, Toleranz und Respekt zusammen köcheln lassen und dann die Schmetterlinge zum gemeinsamen Verzehr einladen. So müsste es auch bis zum Tod funktionieren. Und wenn alles nichts hilft, dann muss man die Beleuchtung wechseln. Ich sag's ja immer: Illumination ist alles! Setze alles ins richtige Licht und es wirkt gleich ganz anders. Du musst nur mal das Putzlicht im sonst so glamourös wirkenden Theater-Saal anschalten. Das geht aber auch andersrum. Manchmal muss man die Beleuchtung wechseln, um einen neuen Blickwinkel auf die Dinge zu haben. Oder einfach, damit's schöner aussieht. Ich finde, Laing beschreibt das in ihrem Song »Wechselt die Beleuchtung« sehr treffend.

Was bleibt am Ende übrig? Ich schätze die Freundschaft, die aus unserer Liebe entstanden ist, denn die wird ewig bleiben, auch wenn die Erotik irgendwann ihren Dienst quittiert hat. Je älter ich werde, desto mehr erkenne ich, dass ich keine Lust mehr auf Konflikte und Dramen habe. Ich brauche positiv denkende Menschen um mich herum, Ruhe, viel Schlaf und guten Wein. Ich genieße das Hier und Jetzt – so habe ich in Zukunft eine schöne Vergangenheit.

Frauen von heute warten nicht auf das Wunderbare. Sie inszenieren ihr Wunder selbst.
(Unbekannt)

Platz für Neues

Neue Freunde sind ein Neuanfang für sich selbst. Man kann sich neu erfinden, eine neue Rolle einnehmen. Am besten gleich eine, die einem gefällt. Soweit zur Theorie.

Ute kam vorbei und wollte quatschen. Über Panagiotis, den Frappé-Stand-Besitzer, in den sie heimlich verknallt war. Ute ist seit kurzem geschieden und nach Zypern ausgewandert, um ein komplett neues Leben anzufangen. Grundsätzlich eine gute Idee. Nur war eine neue Liebe nicht Teil ihres Plans und passte ihr nun so gar nicht in den Kram. Wir verbrachten wieder Stunden mit Spekulationen darüber, ob Panagiotis wohl dieselben Gefühle für sie hegt und ob es eine gute Idee wäre, mit ihm dann eine Beziehung einzugehen. Es war nicht das erste Mal, dass Ute viele Stunden meiner Zeit für sich in Anspruch nahm. Ich freute mich zwar darüber, dass sie sich in meiner Gesellschaft so wohlfühlte, aber sie hatte jedes Mal Probleme, ein Gesprächsende zu finden. Abgesehen davon, war sie, ihre vergangene Beziehung und ihre eventuell künftige, das einzige Thema. Ich begriff, dass ich es mit einer Energie-Vampirin zu tun hatte und offensichtlich noch nicht so gut im Abgrenzen war, wie ich dachte. Wie kam ich da jetzt wieder raus?

Nach vier Stunden sagte ich zu ihr: »Soooo, dann muss ich mich jetzt langsam mal umziehen. Marc und ich sind noch zum Grillen eingeladen.« Enttäuscht sah sie mich mit traurigen Augen an: »Oh, das ist aber schade! Ich dachte, wir bestellen noch eine Pizza, öffnen eine Flasche Wein und quatschen noch ein bisschen. Ich könnte auch übernachten.« Sie hatte keinen Wein dabei, das hatte sie nie und ich hatte einfach keinen Bock mehr. Auf Wein schon, aber nicht mit Ute. Froh für meine tolle Ausrede sagte ich: »Ein anderes Mal gerne, aber heute sind wir leider schon verplant. Ich muss mich jetzt wirklich fertig machen.« Jeder Mensch, der über ein wenig Empathie verfügt, wäre nun gegangen. Ute machte jedoch keine Anstalten, weshalb ich einfach ins Bad ging. Sie folgte mir, setzte sich auf unser Bett und schwafelte mich von da aus durch die offene Badezimmertür weiter voll. Mit schwitzigen Fingern tippte ich schnell eine WhatsApp an Marc und erklärte ihm, dass wir jetzt das Haus verlassen müssten, um meine inszenierte Ausrede nicht auffliegen zu lassen.

Zusammen mit Ute gingen wir dann aus dem Haus. Sie setzte sich in ihr Auto, wir uns in unseres und fuhren los. Am nahe gelegenen Supermarkt stellten wir unser Auto auf dem Parkplatz ab und warteten 15 Minuten. Jetzt müsste Ute ja weg sein, wir fuhren also zurück.

Als wir um die Ecke in unsere Straße bogen, sahen wir das Auto von Ute, das immer noch vor unserem Haus parkte. Ich schrie: »Shit, dreh um, schnell, dreh um!« Als hätte er das schon oft gemacht, wendete Marc das Auto im Handumdrehen. Wir brausten davon und stellten es in der Parallelstraße ab. Wie Schwerverbrecher schlichen wir mit zittrigen Knien zu unserem Haus, um zu beobachten, wann Ute endlich abziehen würde. Was tat sie da immer noch da? Wartete sie etwa auf unsere Rückkehr? Hatte sie meine Ausrede durchschaut? Wir hatten wirklich große Angst davor, erwischt zu werden und hockten uns hinter ein parkendes Auto. Von da aus konnten wir sehen, wenn sie wegfuhr, ohne dass sie uns sah, so hofften wir.

Nach einer gefühlten Ewigkeit, es war inzwischen dunkel geworden, startete sie endlich den Motor und fuhr weg. Vorsichtshalber ließen wir unseren Wagen in der Parallelstraße stehen und gingen zu Fuß nach Hause, ließen aber noch eine halbe Stunde lang das Licht aus.

Was, wenn sie doch nochmal zurückkam? An diesem Abend konnte ich mich nicht mehr entspannen. Ständig sah ich aus dem Fenster und bei jedem Auto, das in unsere Straße bog, blieb mir fast das Herz stehen. Was sie noch so lange vor unserem Haus wollte, entzieht sich bis heute meiner Kenntnis. Ich konnte sie ja schlecht fragen.

Das ging also nochmal gut. Ich war froh darüber, dass Marc mitgespielt hat und erschrocken über mich, was ich alles unternahm, um einem Konflikt aus dem Weg zu gehen. Wenn ich sie mit meiner Grenze konfrontiert hätte, hätte sie das vielleicht persönlich genommen und sich abgewiesen gefühlt. Aber wie konnte ich das nächste

Mal ihre Vereinnahmung verhindern? Ich konnte mich schließlich nicht immer verstecken. Tja, ungelöste Aufgaben fallen einem wohl so oft auf die Füße, bis man sie gelöst hat. Ich beschloss, das erstmal zu ignorieren und später darauf zurückzukommen.

Was sofort folgte, war die Strafe, die kleine Sünden immer zur Folge hat. Schon am nächsten Tag bekam ich die Nachricht, dass die Schauspielerin, die für unsere Maya, die sich noch in der Babypause befand, einsprang, verunfallt war und bei der nächsten Veranstaltung in Stuttgart nicht dabei sein konnte. Ja, ganz recht, dieselbe Darstellerin, die auch plötzlich nicht mehr nach Zypern wollte, weil ihr Freund sie nicht begleiten konnte. Jedenfalls musste wieder Ersatz für den Ersatz her. Sie war beim Zähneputzen gestürzt und hatte sich ein Loch in die Mundschleimhaut am Gaumen gerammt. Das musste genäht werden und natürlich erstmal heilen, bevor sie wieder singen konnte. Das klang nicht nur sehr schmerzhaft, sondern auf jeden Fall auch wahr, denn so etwas denkt sich niemand aus. Und wir haben auch wieder etwas gelernt: Nie herumlaufen beim Zähneputzen!

Allerdings war der Zeitpunkt mehr als blöd, weil dieser Veranstaltung mal endlich kein Corona im Weg stand und deshalb auch ausverkauft war. Wir hatten sogar schon eine kleine Warteliste. Ja, es lief an – und wie! Zum Glück konnte Maya sich vorstellen, für ihre Ersatzfrau einzuspringen und beendete kurzerhand ihre Babypause. Voll toll, denn nach nur einer Auffrischungsprobe war Maya wieder sofort in ihrer Rolle. Back on stage, großartig. Nach anderthalb Jahren Theater mit dem Theater durfte unser Mords-Musical endlich richtig loslegen. Da hatte sich die ganze Mühe doch gelohnt. Wir hatten alle Steine aus dem Weg geräumt, ein Spitzenteam beisammen, die Leute hatten wieder Lust auf Kultur und die Corona-Maßnahmen waren auch erträglich. Gästeliste, Sitzplan, Ablaufplan, Backstage-Verpflegung, Spielmaterialien – alles war bereit und wartete auf seinen Einsatz, als die Regierung am Tag unserer Veranstaltung die Corona-Regelungen neu beschloss. Für uns bedeutete das spontan nur 80 statt 120 Gäste und wieder Rückerstattung der Tickets. Da konnte einem doch echt die Lust vergehen, oder? Aufgeben war aber auch keine Option. Ich hatte immer vor Augen, wie viel mein Team und ich eingesetzt und riskiert hatten. Geprobt, verschoben, abgesagt, neu besetzt, beworben, wieder geprobt und neuen Mut geschöpft. Mut ist nicht immer laut und groß. Mut ist oft klein und leise und zeigt sich darin, einfach morgens aufzustehen und es nochmal zu versuchen – auch wenn man gescheitert ist.

Scheitern für eine neue Chance. Wenn eine Tür zugeht, geht woanders eine auf. Die Mords-Musical-Tür klemmte allerdings gewaltig. Nach den neuen Regelungen zogen sich die Leute wieder auf ihr Sofa zurück und richteten sich dort gemütlich mit Netflix-Serien ein. Selbst als es wieder möglich war, kauften sie einfach keine Karten mehr. Das Aufflammen der Kulturlust war kurz und endete prompt. Für unser Mords-Musical, das während einer totalen Ausnahmesituation versucht hatte, auf dem Markt Fuß zu fassen, kam das einem Todesstoß nahe. Ich beschloss, mich erstmal auf andere Projekte zu konzentrieren. Auch wenn ich mich dabei fühlte, als würde ich eine gute Freundin im Stich lassen, nur weil sie die letzten Jahre nicht für mich da war. Aber die Mords-Events sollten sich wirtschaftlich und die Mordsheimer (inklusive mir) emotional erholen. Das Richtige wird passieren, so wie immer.

Ich dachte an »Eddie the Eagle«, der es als Skispringer zu Olympia geschafft hat. Und das, obwohl er total unsportlich war und sich beim unermüdlichen Trainieren öfter alle Knochen gebrochen hat. Keiner hat an ihn geglaubt. Nur sein Trainer hat gesehen, was in ihm steckt. Die Geschichte ist das beste Beispiel dafür, dass man das Beste aus jedem Menschen herausholen kann, wenn man das Beste in ihm sieht.

Oder Florence Foster Jenkins, die absolut nicht singen konnte und wegen ihres eisernen Willens trotzdem ein Konzert in der Carnegie Hall gegeben hat. Alle lachten sie aus, aber davon hat sie sich nicht irritieren lassen. Man nannte sie die »Diva der falschen Töne«. Das sind echte Vorbilder für mich! Und dann sind da noch Tina Turner und Betty White. Beide waren erst zwischen 40 und 50 richtig erfolgreich. Nach Tina Turner wurde ich übrigens benannt und habe auch noch am selben Tag Geburtstag. Wenn das kein gutes Zeichen ist? Also gibt es noch Hoffnung für mich.

Nicht am Ziel wird der Mensch groß, sondern auf dem Weg dorthin
(Ralph Waldo Emerson)

Man lebt nur einmal – richtig? *Falsch!* Wir sterben nur einmal, leben tun wir jeden Tag! Deshalb muss jeder schauen, dass er sein Leben so schön wie möglich gestaltet. Auch wenn das bestimmt nicht jeden Tag gleich gut gelingt. Alles, was belastet und keine Miete bezahlt, muss weg. Früher habe ich oft gehört: »Warum reist Ihr? Ihr habt doch eh immer Urlaub.« Interessante Sichtweise. Wir nennen es *Leben*. Jede Reise ist auch eine ins Innere und erweitert den Horizont. Jetzt sagen viele: »Ihr habt es gut, ihr wohnt am Meer!« Ja, wir haben es gut und jetzt weißt du auch, wie wir dahin gekommen sind und was wir dafür getan haben.

Das Leben in Zypern ist einfach schlichter. Und genau diese Tatsache steigert die Lebensqualität enorm. Man verbringt nicht mehr so viel Zeit mit Konsumieren. Irgendein Teil im Internet bestellen und sich dann beim Auspacken des Kartons für fünf Minuten glücklich fühlen. Man häuft so viel Zeug an und ist sich gar nicht darüber bewusst, dass das alles nur Ballast ist.

Manchmal muss man ausziehen und neue Wege gehen, um heim zu finden. Sich von allen dunklen Schatten und zerstörerischen Mustern der Vergangenheit befreien. Dinge loslassen, von denen man denkt, man bräuchte sie. Ich konnte meinen Weg zu mir, in mein Zuhause, erst in der Ferne finden. Zu Hause ist, wo ich bin. Nichts ist mehr, wie es einmal war und das ist auch gut so. Ich weiß jetzt, wonach ich Heimweh hatte. Wenn ich als Kind nicht daheim war, hatte ich Heimweh nach meiner Mama, später nach meinen Jungs.

Auch woher mein Fernweh kam, ist mir jetzt klar. Fernweh war die Sehnsucht nach mir! Ich habe mich daheim nicht gefunden, also bin ich in die Ferne, um mich zu finden. Übrigens darf man trotzdem Sehnsucht nach Menschen und Dingen haben. Ich vermisse natürlich meinen

Nino, meine »alten« Freunde, manchmal Nebel und Regen, Linsen mit Spätzle, Laugenweckle und »dm«. Dann fliege ich nach Deutschland und weiß alles auch viel mehr zu schätzen.

Man kann das Leben eben nur vorwärts leben und rückwärts verstehen. Ich freue mich auf alles, was da noch kommt und was ich noch lernen darf. Das Abgrenzen gegenüber Energie-Vampiren klappt schon besser, ist aber ausbaufähig. Eins ist schon mal sicher: lieber große Spinnen als große Spinner!

Ich glaube, das Leben schuldet uns nichts als das Leben. Und alles andere haben wir zu tun.
(Hildegard Knef)

Dingdong. »Marc, machst du mal auf? Bin gespannt, wer die ersten sind.« Benno und Doris waren pünktlich und grandios passend zu ihren Rollen verkleidet. »Heute Morgen habe ich noch zu Marc gesagt, wer hätte geglaubt, dass unser Haus mal zu einem Tatort werden würde. Sieht er nicht witzig aus als ›Dizzy D‹? Herzlich willkommen zum Mörderspiel«, trällerte ich fröhlich.

Nachwort

Liebe Mama,

du fehlst mir so! Ich wünschte, du könntest die Jungs heute sehen. Du wärst so stolz. Auch auf mich! Ich habe einiges dazu gelernt und – sei mir nicht böse – habe zum Glück vieles anders gemacht als du.

Du hast dich selber immer zurückgenommen und geschaut, dass es Papa und mir gut geht. Du warst bescheiden und hast gelitten, weil Papa dir nicht das Glück geboten hat, das du verdient hättest. So dachte ich zumindest früher.

Heute weiß ich, dass du selber nicht in der Lage warst, dich glücklich zu machen und dass du letztlich an gebrochenem Herzen gestorben bist. Vielleicht, weil du es auch nicht gelernt hast?

Sehr lange war ich sehr wütend auf dich. Ich war wütend, weil du es zugelassen hast, dass Papa dich so behandelt hat. Du warst eine tolle Frau und hättest nur das Schönste, Beste und Größte verdient. Aber das hast du leider nicht so gesehen und deshalb kam es anders.

Ich glaube, dass es keine größere Liebe gibt, als die zu den eigenen Kindern – allerdings auch keine größeren Sorgen um dieselben! Es kann gut sein – und es wird mir auch immer bestätigt, dass ich eine krasse Glucke bin. Meine Jungs sind mit Sicherheit das Wichtigste in meinem Leben. Ich fürchte, dass ich das Loslassen meiner Söhne noch nicht abgeschlossen habe. Wenn's da eine Prüfung gab, habe ich nicht bestanden und muss die Klasse wiederholen.

Als die Beiden klein waren, konnte ich sie oft nicht früh genug im Bett haben. Ganz schnell noch den Schlafi an, Zähne putzen, Gute-Nacht-Geschichte und dann endlich: Feierabend! Heute denke ich, dass ich diese Zeit mehr hätte genießen sollen. Es ging so krass schnell vorbei und jetzt schau' ich blöd aus der Wäsche.

Jetzt sind aus den Jungs richtig tolle, charmante und selbstständige junge Männer geworden. Die beste Entscheidung, die Loui getroffen hat, war, seine Komfortzone zu verlassen und mit uns nach Zypern zu gehen. Er ist jetzt ein ganz anderer Mensch, frei von dieser unbändigen Wut. Früher war er stocksteif und ganz hart, wenn man ihn umarmt hat und jetzt gibt er nach und wird ganz weich. Das sagt doch alles.

Ich bin mega stolz auf meine beiden Jungs! Glücklich sein kann ich aber immer nur dann, wenn die beiden es auch sind. Das wird wahrscheinlich auch so bleiben. Als Mama bist Du immer so glücklich wie dein unglücklichstes Kind!

Ich hoffe, dass ich richtig alt werde. Der Gedanke, wie traurig die Jungs wären, wenn ich zu früh sterbe, ist mir unerträglich. Aber auch nicht so alt, dass womöglich einer der Jungs vor mir stirbt. Das könnte ich erst recht nicht ertragen! Da bin ich jetzt mal ganz egoistisch.

Ich hatte Glück, dass du meine Mama warst und ich danke dir von Herzen für all die Liebe, die du mir und meinen Jungs gegeben hast. Ich musste nie an deiner Liebe zweifeln und wusste immer, dass du bedingungslos an mich glaubst und stolz auf mich bist. Du warst der Wind unter meinen Flügeln.

Später, Spaß, lieb...

Dein Hexle

Songtext Omi-Opi

Omi:
Vo de viele schne Sacha, die dr heidig Dag dir brengt,
griegsch a Lied, du darfsch ed lacha,
wenn's dei Oma dir jetzt sengt.

Refrain:
Wenn du heid auf dära Welt bischd,
ond du guggsch de do dren om,
merksch recht bald, wo's woich ond warm ischd,
nutz des aus ond sei ed domm.

Hoschd mol Sorga, hoschd mol Kummer,
ond du woisch ed ei ond aus
no butz's Näsle ond komm ommr
zo dr Oma siaße Maus

Opi:
Des ischd halt sche
wenn von de Kendle die heid dr eischde Schroi probiert
Des ausrügga zu frische Wendla,
griegt glei a oigas Liad serviert.

Wenn du jetzt auf dära Welt bisch,
ond du guggsch de do dren om,
merksch recht bald, wo's woich ond warm ischd,
nutz des aus ond sei ed domm.

Hoschd mol Sorga, hoschd mol Kummer,
Wie's oft kommt, des woiß ma nie,
no zieh d Schuh o ond komm ommr
zo deim alda Opipi

Danksagung

Viele Menschen haben mich bei meinem Buchprojekt auf unterschiedlichste Weise unterstützt, bei denen ich mich von ganzem Herzen bedanke!

Mein größter Dank geht an meinen Mann, der mir nicht nur mit dem Cover, dem Buchsatz, dem Design der Giveaways, der Website und allem, was das Buch und mich gut aussehen lässt, geholfen hat. Er hat sich auch jeden Tag meine Gedanken angehört, mir immer Mut zugesprochen, wenn ich gezweifelt habe, mich aufgerichtet, wenn ich gefallen bin und sich mit mir über jeden kleinen Erfolg gefreut..

Ich danke meinen Jungs für die Erfahrung der bedingungslosen Liebe, ihren festen Glauben an mich und dass ich ihretwegen das Heimweh nie ganz verlieren werde. Und das ist auch gut so.

Ein ganz liebes Dankeschön geht an meine Testleserinnen und meinen Testleser für ihre Zeit und Mühe.

- Zusätzlich bedanke ich mich herzlich bei Delia für die Korrekturen und stundenlangen Telefonate.
- Bei Jessica für das professionell wertvolle Feedback und die wunderschöne Rezension, die mich zu Tränen gerührt hat.
- Bei Claudine für den Erfahrungsaustausch bei unserer Buch-Mastermind, die liebe Rückmeldung und die tollen und hilfreichen Kommentare..
- Bei Sonja für die Hinweise, Motivation und das Teilen ihrer Erfahrung mit einer Buchveröffentlichung.

- Bei Mira für die Hinweise, die mir nicht aufgefallen wären, die wertschätzenden und geschmackvollen Rezensionen und das Einbringen ihrer Marketing-Expertise.
- Bei Prisca für die tiefgründigen Gespräche nach den kräftigenden Sportstunden am Strand und die segensreichen Tipps.
- Bei Claudi für die gute Rezension und den familiären Blickwinkel.
- Bei Bianca für das ehrliche Feedback und die vielen Anregungen.
- Bei Tobias für den inspirierenden Austausch bei unserer Buch-Mastermind.

Danke an Susanne Ospelkaus für die unkomplizierte und schöne Zusammenarbeit, durch die ich sehr viel gelernt habe.

Danke an Stefanie Prenz und viele andere Experten, die ihr Wissen und hilfreichen Tipps oft kostenlos teilen.

Danke an Ben Ouattara, der mich durch seine Podcast-Folgen und »Messages des Tages« auf Instagram unwissentlich täglich motiviert und schon so oft wieder in die Spur gebracht hat.

Danke an den Citizen Circle (CC), ohne dessen Konferenzen und Plattform ich wahrscheinlich nicht da wäre, wo ich heute bin.

Danke an alle im Buch genannten Personen, die mich wertschätzen, an mich denken und glauben, mir ihre Aufmerksamkeit und Liebe schenken, gerne ihre Zeit mit mir verbringen, sich für mich interessieren, mir zuhören, mich motivieren und Mut zusprechen, mir eine Chance gegeben haben, mit mir gelacht und geweint haben, mich kritisiert und wachgerüttelt haben, durch die ich etwas lernen durfte, oder die mich sonst auf irgendeine Weise weitergebracht und mir bewusst oder unbewusst den Weg zu mir selbst gezeigt haben.

Danke an alle Personen, die nicht im Buch erwähnt wurden, aber trotzdem eine wichtige Rolle in meinem Leben spielen, mich unterstützen, fördern und aufmuntern.

Danke an alle Abonnenten von »Schlaflos in Paphos«, die mich auf der spannenden Reise zur ersten Buchveröffentlichung begleitet, mich mit ihren Geschichten inspiriert, mit ihrem Interesse motiviert und mit ihren Beiträgen amüsiert haben. *Wenn du meine E-Mails noch nicht abonniert hast, dann kannst du das gerne nachholen. Es lohnt sich!*

Zu guter Letzt gilt meine Dankbarkeit dir, liebe Leserin und lieber Leser, dass du mein Buch gelesen hast. Ich hoffe sehr, dass es dich gut unterhalten und dich auf positive Gedanken gebracht hat. *Wenn es dir gefallen hat, dann freue ich mich über deine Rezension auf Amazon und/oder tredition. Danke!*

Weiterführende Links

- Zu meiner Website: **https://tinawaelde.de/**

- Schlaflos in Paphos abonnieren: **https://tnwl.de/schlaflos-in-paphos**

- Du findest mich auf Instagram: **https://tnwl.de/insta**

- Zur Play-List »Später, Spaß, lieb«: **https://tnwl.de/ssl-playlist**

- Zum Citizen Circle: **https://tnwl.de/citzencircle**